# 조선 후기의 농민 생활 구조

— 정약용의 『목민심서』를 중심으로 —

김진균 **지음**
홍성태 **엮음**

진인진

조선 후기의 농민 생활 구조  - 정약용의 『목민심서』를 중심으로 -

초판 1쇄 발행 | 2024년 2월 14일

지은이 | 김진균
디자인 | 배원일, 김민경
발행인 | 김태진
발행처 | 진인진
등  록 | 제25100-2005-000003호
주  소 | 경기도 과천시 관문로 92 101동 1818호(힐스테이트 과천중앙)
전  화 | 02-507-3077-8
팩  스 | 02-507-3079
홈페이지 | http://www.zininzin.co.kr
이메일 | pub@zininzin.co.kr

ⓒ 김진균 2024
ISBN 978-89-6347-585-1 93300

* 책값은 표지 뒤에 있습니다.

## 간행사

1.
김진균 선생의 20주기를 맞아 선생이 오래 전에 썼으나 간행하지 않은 선생의 긴 논문을 간행한다. 나는 이 논문의 해설을 겸해서 선생을 깊은 학문에 바탕을 둔 실천적 사상가로 제시하는 논문을 새로 써서 이 책을 엮었다. 마흔 살의 청년이 예순 살의 중년이 되어 예순 일곱 살로 세상을 떠나신 선생의 삶을 새로 정리하고 평가하는 논문을 쓰자니 여러 북받치는 감회가 있었다. 선생의 논문은 오랫동안 잊혀진 상태였다가 2012년 여름에 발견되었다. 아마도 김진균 선생도 이 논문을 잊으셨던 것 같다.

　2012년 봄에 안병무(1922~1996) 선생의 부인인 박영숙(1932~2013) 선생이 안병무 선생의 연구실을 정리하다가 이 논문을 발견해서 '김진균기념사업회'의 이사장 장임원 선생에게 보냈다. 안병무 선생은 변형윤 선생, 이효재 선생과 함께 '해직교수협의회'를 대표했고, 김진균 선생은 이 조직의 구성과 운영을 주도했다. 안병무 선생은 1950년에 서울대 사회학과를 졸업하고 기독교 신학을 공부해서 김재준(1901~1987)선생, 서남동(1918~1984) 선생에 이어 '민중신학'을 주창하고 '기독교 장로회'(기장)와 '한신대'(한국신학대학)의 주역이 되었다. 안병무 선생은 1975년 박정희 독재 때와 1980년 전두환 반란 때에 해직당하셨는데, 교수로서 신학자로서 한국 민주화 운동을 대표하는 분이었다.

　　장임원 선생은 이 논문을 받고 '김진균기념사업회'의 총무였던 내게 연락해서 가져가게 했다. 나는 여의도로 가서 이 논문을 가져왔다. 5월 초임에도 푹푹 찌는 날씨에 논문 보따리를 들고 지하철역으로 걸어가는 중에 더위를 식히려고 잠시 찻집에 들어가서 이 논문을 잠시 살펴봤다. 전체 400매가 넘는 논문 뭉치가 보자기로 싸여 있었다. 김진균 선생은 1995년 2월에 미국 출장을 가기 전까지 아주 오래도록 보자기에 책을 싸서 갖고 다니셨다. 내 머리에는 책 보자기를 들고 연구실이 있던 6동을 나서서 내정을 걸어가시던 모습이 선하게 떠오른다. 보자기를 풀자 익숙한 선생의 글씨가 보였다. 그런데 원래 원고가 아니라 복사 원고였다. 원래 원고는 선생의 유품에 없었으니 복사한 뒤에 유실된 것이다.

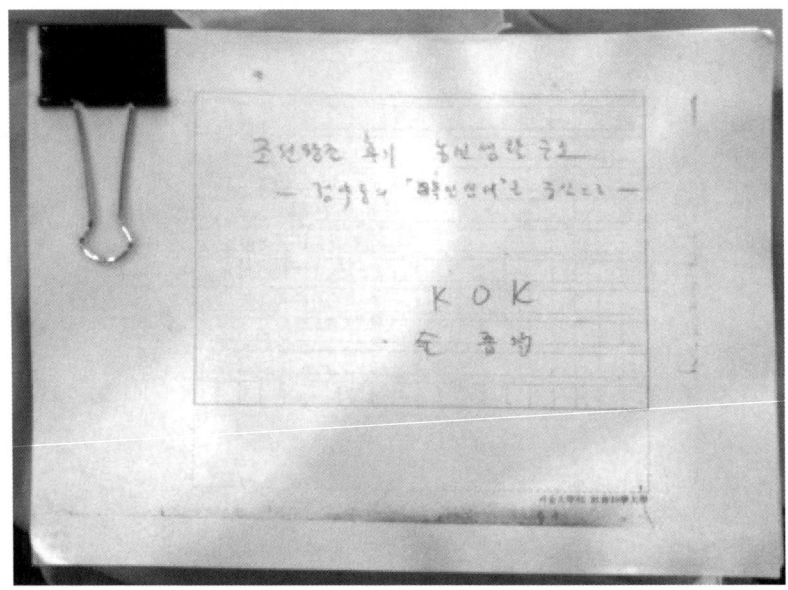

처음에는 이 논문을 10주기에 간행할 생각을 했으나『김진균 평전』의 간행에 힘을 쏟아야 해서 평전에 이 논문에 대해 간략히 소개하고 간행은 뒤로 미뤘다. 그런데 내가 실수를 했다. 2014년 1학기 말에 컴퓨터에 입력을 하려고 내 연구실로 가져갔다가 연구년이 시작되어 그 사실을 잊고 말았던 것이다. 2022년 2학기 말에 연구실을 조금 치우다가 종이가방 안에 들어있던 이 논문 뭉치를 보고는 그 경위가 생각났다. 그래서 20주기에 꼭 간행할 계획을 세우고 2023년 여름부터 입력을 시작했다. 입력을 마치고 교정을 보면서 많은 '보주'를 달아야 했다.『목민심서』에서 쓰인 용어들과 당시의 시대상에 대한 설명이 필요했기 때문이다. 이렇게 해서 11월 말에 교정을 마칠 수 있었다.

2.
이 논문의 '참고문헌'으로 유추하건대 이 논문은 1984년 초에 쓰인 것으로 보인다. 아마도 분량이 너무 많아서 당시 바로 출판되지 못했던 게 아닌가 생각한다. 그리고 김진균 선생도 1984년 2학기에 4년만에 복직되어 나날이 대단히 바쁜 생활을 해야 했기에 잊으셨던 것 같다. 이제 선생의 20주기를 맞아서 이 원고를 교정하고 보주를 달아서 단행본으로 출간한다. 입력은 내가 일부를 하고, 선생의 장손자인 순구가 대부분을 했다. 이 논문은『목민심서』의 지방 세정 부분을 주로 다루고 있다. 정약용 선생은 당시 조선의 지방 세정이 얼마나 문제가 많았는가를 상세히 기록하고 설명했다.『목민심서』는 당시 조선 사회, 특히 '향촌'으로 불리는 지방에 대한 최고의 기록과 연구로서 널리 읽히고 탐구되어야 한다.
나는 한국이 각종 비리로 제도가 제대로 작동하지 않는 '비리 사회'이며 그 연원은 조선 후기로 올라간다고 파악하는데 『목민심서』는 그 중요한 역사적-학문적 근거들을 상세히 제시한다. '비리 사회'는 비리 세력의 지배로 제도가 올바로 만들어지지 않는 동시에 만들어진 제도도 계속 오용-악용되는 후진적 사회를 뜻한다. 이런 사회는 부패가 만연하고 일어나지 않을 사고가 계속 일어나는 '사고 사회'가 된다. '신제도주의'가 잘 밝혀주듯이 한 사회의 변화는 오랜 시간에 걸친 문화적 변화를 필요로 한다. 단지 제도를 만든다고 해서 그 제도가 바로 잘 작동하게 되는 것이 아니다. 제도를 올바로 만드는 것은 대단히 중요하나, 그것이 올바로 작동하게 하는 것은 더욱 더 중요하다. 입법, 행정, 사법이 모두 올바로 작동해야 하며, 비리 세력이 지배하는 곳에서는 입법부터 엉터리가 되고 만다.

    김진균 선생은 『목민심서』에서 다룬 조선 후기 지방 세정의 문제가 조선의 지배체제와 직결되어 있는 것이어서 더욱 악화된 모순을 지적하고, 계급론의 관점에서 양반의 약화-몰락이 진행된 것과 함께 수령을 중심으로 아전과 호민의 지배층화가 전개된 사실을 적극 제기했다. 이로써 김진균 선생은 완곡한 방식으로 당시 조선 후기를 둘러싸고 제기된 학문 논의에 대해 자생적 근대화론, 자본주의 맹아론을 지지했던 것이다. 사실 이 이론은 '다산연구회'의 여러 학자들이 오랜 공동연구를 통해 이룬 중요한 학문 성과였다. 이른바 '식민지 근대화론'은 명확한 역사적 사실을 대거 왜곡하는 반사실의 주장이자 극악한 일본의 침략과 약탈을 극력 미화하는 반인류의 주장이다. 이에 대해서는 이미 오래전에 허수열 선생이 상세히 밝혔다.

3.

다산 정약용 선생의 『목민심서』는 48권 16책의 방대한 행정, 재정, 정치 저서이다. 1부 부임(赴任) 6조, 2부 율기(律紀) 6조, 3부 봉공(奉公) 6조, 4부 애민(愛民) 6조, 5부 이전(吏典) 6조, 6부 호전(戶典) 6조, 7부 예전(禮典) 6조, 8부 병전(兵典) 6조, 9부 형전(刑典) 6조, 10부 공전(工典) 6조, 11부 진황(賑荒) 6조, 12부 해관(解官) 6조 등의 전체 12부로 나누어, 관리의 부임-행정-사직의 시간 순서로, 이호예병형공의 6부 구성에 따라, 국가 운영의 기본인 수령의 역할과 과제를 상세히 저술했다. 1817년에 초본이, 1821년에 완성본이 나왔다. 목민(牧民)은 백성을 돌본다는 뜻이다. 목민관(牧民官)은 지금으로 말하자면 기초자치체장인 수령(守令)을 가리킨다. '목민심서'는 목민관이 마음에 새겨야 할 책이라는 뜻이다. 다산 선생은 목민관이 올바로 직무를 수행해야 조선이 바로 서게 된다고 믿었다.

조선은 목민관이 비리의 주역이 되어 극심한 혼란에 빠지게 되었다. 수령과 아전이 멋대로 전횡하니 나라가 바로 운영될 수 없었다. 1894년의 동학혁명도 고부군수였던 조병갑이 멋대로 '수세'(水稅)를 부과하고 농민들을 살상한 것에서 비롯되었다. 수령과 아전이 설치게 된 원천은 극소수 양반 집안이 권력을 장악해서 전횡한 것이었다. 이 문제는 조선의 망국으로, 매독(매국-독재) 세력의 발호로 이어졌다. 『목민심서』에서 탐구된 문제들은 강한 현재성을 갖고 있으며, 이 중요한 책을 연구한 이 논문의 내용도 역시 그렇다. 이 논문은 단순히 김진균 선생을 회고하는 차원을 넘어서 현재를 살펴보고 바로잡는 데 이바지할 수 있을 것이다. 선학들의 훌륭한 연구들이 계속 이어지길 바란다.

김진균 선생은 다산 선생을 평생 가슴에 품고 사셨다. 비리 양반들에 의해 극도의 고난을 당한 다산 선생은 극히 삼가고 조심한다는 뜻의 '여유'(與猶)를 택호로 정했다. 그러나 다산 선생은 나라의 문제를 살피고 해결책을 제시하는 데서 참으로 치밀하고 용감했다. 선생의 치밀하고 용감한 연구는 영원히 후세들을 일깨울 것이다. 나는 뒤에 붙인 해설 논문에서 김진균 선생이 다산 선생을 본받아서 연구와 실천에 정진한 것을 정리하고 선생을 복지주의와 상통하는 대동(大同)주의의 사상가로 제시했다. 이 책을 들고 다산 선생을 찾아가서 후학의 노력을 알려야겠다.

4.
1994년 초가을의 어느 날에 나는 김진균 선생과 사모님, 그리고 이효우 선생을 모시고 운길산 산행을 했다. 도곡리의 호수여객 종점에서 내려서 길 건너편의 마을을 지나서 예봉산 줄기를 넘어서 운길산으로 갔다. 운길산에서는 남한강과 북한강이 어우러진 내 고향 양수리가 아주 잘 보인다. 양수리에서 두 강물이 합쳐져서 한강이 되어 처음 만나는 마을이 바로 다산 선생이 나서 자라고 생을 마치신 '마재 마을'이다. 한강을 굽어보는 이 마을에 다산 선생의 댁과 묘소가 있다. 그날 김진균 선생과 함께 '여유당'(與猶堂)을 방문했다면 참 좋았을 걸 그냥 지나쳐서 팔당으로 갔다. 새삼 많이 아쉽다.
　　그 뒤 2002년 초에 여러 제자들이 김진균 선생을 모시고 '마재 마을'에서 북쪽으로 10리 정도 떨어진 북한강 가에서 MT를 했다. 모두 선생의 병을 알고 있었기에 안타까운 마음을 품고 즐겁고 따뜻한 1박2일의 시간을 보냈다. 아침에 일어나서 강가에서

기념사진을 한 장 찍고, '마재 마을'로 가서 '여유당'의 앞에 있던 칼국수 집에서 식사를 했다. 그로부터 1년 뒤 선생은 정년퇴임을 하셨고, 또 1년 뒤 선생은 세상을 떠나셨다. 그때 선생께 다산 선생에 대해 여러 말씀을 들었으면 좋았을 걸 그렇게 하지 못했다. 그러나 우리들의 얘기를 도란도란 많이 나눈 좋은 시간이었다.

    김진균 선생의 삶을, 그 깊은 학문과 실천을 계속 이어가기 위해 제자들이 더 많이 노력해야 한다. 이 책도 이런 노력의 일환이다. 김진균 선생은 선학의 학문을 올바로 이어가는 것을 늘 강조하셨다. 사실 그것은 공부의 기본인데, 이 기본이 잘 지켜지지 않는다. 아무쪼록 김진균 선생이 사회학자로서, 대동의 사상가로서 잘 기억되고 연구되길 바란다. 그렇게 다산 선생의 학문과 실천도 더욱 널리 퍼져가게 될 것이다.

2024년 1월 25일
북한산 비봉 아래 은민재에서
제자 홍성태 삼가 씀

**목차**

간행사 ································································································· 3

I 서론 ································································································· 15

II 농민에 대한 수탈 기제 ··································································· 19
  1. 배경적 논의 ················································································· 19
  2. 전세(田稅) ···················································································· 26
  (1) 계정(計定) ·················································································· 26
    (가) 전세의 계정 ········································································ 26
      ① 국납의 계정 ····································································· 26
      ② 선급의 계정 ····································································· 28
      ③ 읍징의 계정 ····································································· 28
      ④ 계판 외의 부담 ······························································· 31
    (나) 계정에서의 문제 ································································· 33
      ㄱ. 국납(國納)의 경우 ·························································· 33
        ①결렴 자체의 문제 ························································· 33
        ②쇄렴의 문제 ································································· 34
        ③석렴의 문제 ································································· 34
      ㄴ. 선급의 경우 ···································································· 35
        ①선가미의 문제 ······························································ 35
        ②부가미·가급미(加給米)의 문제 ······································ 35
      ㄷ. 읍징의 경우 ···································································· 36
        ① 치계시탄가미의 문제 ·················································· 36
        ② 색락미·타석미의 문제 ················································ 38

③ 경주인역가미와 영주인역가미의 문제 ·················································38
(2) 전정(田政)·세법(稅法)·작부(作夫)의 문제 ···············································41
　(가) 전정(田政): 전분육등법(田分六等法) ···············································42
　(나) 세법(稅法): 년분구등법(年分九等法) ···············································45
　(다) 집재(執災)·표재(俵災) ·····································································47
　(라) 작부(作夫) ·······················································································49
　(마) 양호(養戶)·방결(防結)·방납(防納) ·················································51
　(바) 허액(虛額) ·······················································································52
　(사) 여결(餘結)과 은결(隱結) ·································································53
　　① 『목민심서』 '율기 6조(律己 六條)'의 '청심(靑心)'에서 ················56
　　② '율기 6조'의 '절용(節用)'에서 ·····················································58
　　③ '이전 6조(吏典 六條)'의 '어중(御衆)'에서 ·································59
　　④ 계방(契房)에 대해 ········································································60
　(아) 궁방전(宮房田)과 둔전(屯田) ···························································63
3. 환자(還上) ·································································································64
(1) 감사의 농간질 ·······················································································65
(2) 수령의 농간질 ·······················································································66
　① 번질 ·····································································································66
　② 가분(加分) ···························································································67
　③ 허류(虛留) ···························································································67
　④ 입본(立本) ···························································································67
　⑤ 증고(增估) ···························································································68
　⑥ 가집(加執) ···························································································69
(3) 아전의 농간질 ·······················································································69
　① 번질 ·····································································································69
　② 입본(立本) ···························································································70
　③ 가집(加執) ···························································································70
　④ 암류(暗留) ···························································································71
　⑤ 반백(半白) ···························································································71
　⑥ 분석(分石) ···························································································72
　⑦ 집신(執新) ···························································································73

⑧ 탄정(呑停) ································································ 73

⑨ 세전(稅轉) ································································ 74

⑩ 요합(徭合) ································································ 76

⑪ 사혼(私混) ································································ 77

⑫ 채륵(債勒) ································································ 78

4. 부역 ············································································ 80

　(1) 호적(戶籍) ································································ 80

　　① 호적 작성 방법 ···················································· 83

　　② 호적 작성 비용 ···················································· 87

　(2) 민고(民庫) ································································ 88

　(3) 역역(力役) ································································ 97

5. 군포(軍布) ································································ 99

　(1) 군포의 종류 ···························································· 102

　　(가) 군포의 증가 ······················································ 102

　　(나) 군포의 분화 ······················································ 103

　(2) 군역의 도피 ···························································· 104

　(3) 가혹한 첨정(簽丁) ················································ 105

　(4) 군포계(軍布契)와 역근전(力根田) ····················· 108

　　(가) 군포계(軍布契) ················································ 109

　　(나) 역근전(役根田) ················································ 110

　(5) 번상(番上) ······························································ 114


## III 농민의 생활양상 ································································ 117

1. 경제 생활의 분화 ···················································· 117

　(1) 소작농의 증가 ························································ 117

　(2) 농민의 참상 ···························································· 122

　(3) 호민의 상태 ···························································· 130

　(4) 호리의 상태 ···························································· 132

2. 지배 권력 구조 ························································ 134

　(1) 지배 구조의 개략 ·················································· 134

　(2) 사족(士族) ······························································ 135

(가) 사족의 분해 현상 ……………………………………… 136
　　　(나) 사족의 약화와 전락 ……………………………………… 138
　　　　ㄱ. 사족의 약화 ……………………………………… 138
　　　　ㄴ. 사족의 전락 ……………………………………… 142
　　(3) 향임 ……………………………………………………… 145
　　(4) 아전 또는 이서(吏胥) ……………………………………… 148
　　(5) 호민(豪民) ……………………………………………… 151

Ⅳ 맺음말 ……………………………………………………………… 157

참고자료 ……………………………………………………………… 161


# 김진균의 학문과 사상 ……………………………………………… 163

## Ⅰ 머리말 …………………………………………………………… 165

## Ⅱ 김진균의 학문 …………………………………………………… 169

## Ⅲ 김진균의 사상 …………………………………………………… 177

## Ⅳ 맺음말 …………………………………………………………… 187

참고자료 ……………………………………………………………… 193

## I 서론

이 글은 조선 후기의 실학자들이 당시의 농민을 어떻게 이해하고 기술하고 있는가에 초점을 맞춰서 조선 후기의 농민 생활사의 일단을 기술해 보는 데 그 목적을 두고 있다. 실학 중에서도 다산 정약용(茶山 丁若鏞, 1762~1836)에 주로 한정하는데, 그의 저서 『목민심서』(牧民心書)는 조선 후기에 농민을 수탈하는 기제(機制)와 그 실상을 상세히 기술하고 있기 때문에, 『목민심서』가 보여주고 있는 수탈 기제를 정리해서 그것이 조선의 사회체제와 관련해서 어떤 의의가 있는가를 음미해 보려고 한다.

생활사는 사회체제와의 연관성 속에서 추구되어야 그 역사적 의미를 찾을 수 있다. 물론 조선의 사회체제가 사회구성체의 수준에서 봉건제인가, 또는 그것의 한 변종인가, 또는 독특한 하나의 사회구성체인가 하는 문제에 대하여 학계에서는 여러 가지 논란이 있고, 조선의 사회·정치·경제적 성격을 일반화하기에는 그 연구가 아직 충분치 않다고 한다. 이 글에서 농민 생활사를 사회체제와 연관시킨다는 것은 농민 수탈 기제의 성격을 규명하는 방법으로 그 사회체제의 성격을 파악하는 것을 뜻한다.

다산 정약용의 『목민심서』에서 묘사하고 있는 사실은 크게 두 가지 점으로 볼 수도 있을 것이다.

첫째는 수령을 포함하는 관료와 관속(官屬) 아전들이 중앙 정부로부터 급료를 지불받지 못하고 있다는 사실이다. 이것은 곧 관료들로 하여금 실질적으로 왕권에 충분히 종속하도록 급료를 대신 지불하는 다른 형태의 방법을 찾아야 한다는 것을 의미한다. 『목민심서』에서 묘사되고 있는 방법은 수령(및 감사)와 그 관속 아전들로 하여금 대부분의 인구를 구성하면서 토지를 경작하는 농민들로부터 경제적 잉여를 상당히 수탈하는 것을 허용하는 것이며, 그 수탈된 경제적 잉여의 일부분은 국왕을 포함한 중앙 관료에게도 어떤 형식과 경로를 통해서 이전되도록 허용하는 방법이다. 그 수탈의 방식은 국가의 조세 수취와 병행해서 준공식적으로 첨가된 부분의 수취라는 형태이거나 또는 뇌물의 형태를 취하기도 한다.

둘째는 조선 왕조의 중앙 통치력이 농민의 구체적인 생활단위에 이르기까지 제도적으로 완전하게 관철되지 않고 있다는 사실이다. 즉 이것은 인구와 토지를 완전히 중앙정부가 파악 내지 장악하지 못하고 있다는 점, 농민의 조세를 수납 관청에 직접 납부하는 것이 아니라 수령과 농민 사이에 수납과 납부의 중간 매개자가 개입되고 있다는 점(이것은 아래에서 작부제(作夫制)에서 설명되고 있다), 그리고 통제를 통한 통합성을 이룰 수 있는 사회적·물리적 토대(인적 자원·도로 및 기술의 발전 정도 등등)가 마련되지 못했다는 점에서 나타난다. 따라서 농민 생활사에서 제도적 구조의 한쪽에 비공식적인 실재적 구조가 형성될 수 있을 것이며, 농민은 이 제도권 밖의 생활영역에서 수탈의 기제에 가혹하게 방치되고 노출되고 있다고 볼 수 있을 것이다. 이러한 방치상태에서는 중앙의 통제 약화와 착취의 가중을 유발할 수 있기 때문에, 결과적으로 조선 왕조의 구조적 취약성을 갖게 하는 성격이기도 할 것이다.

따라서 흔히 삼정(三政)의 문란[1]이 조선왕조의 사회적 모순을 드러내는 것이라고 말하지만, '삼정의 문란'이라는 것 자체가 그 문란 이전에 하나의 특정적인 사회적 수탈 기제를 지적해 주는 것이라면, 그 사회적 모순은 사회구성체가 갖는 기본모순과 연관시키는 방향에서 이해하도록 해야 할 것이다. 수탈은 결국 역으로 조선 후기에 절대 다수의 인구가 토지를 경작하고 있던 사회에서 상층 계급은 어떻게 토지와 연결되어 있고, 그 상층 계급의 권력이 토지소유와 관직의 어느 것에 근거를 두고 있느냐의 문제, 또는 토지소유와 관직과의 어떤 결합이 이루어지고 있다면 그 결합의 본질은 어떤 것인가 하는 문제와 연결되어 있는 것이

---

[1] 보주 '삼정(三政)의 문란'에서 삼정은 전정(田政)·군정(軍政)·환정(還政)을 뜻한다. 전정은 논밭에서 세금을 거두는 것이고, 군정은 16~60살 양인(평민과 양반) 남자의 군역을 다루는 것이고, 환정은 춘궁기에 백성들에게 곡식을 제공하고 추수기에 돌려받는 것을 뜻한다. 조선의 재정은 전세를 기초로 했으나, 군정과 환정도 재정과 직결되어 있었다. 본래 조선의 세금은 조용조(租庸調), 즉 전세, 역(군역, 요역), 공납이었다. 대동법으로 공납은 쌀, 베, 돈으로 대체되었다. 15세기 말에 이이가 대동법을 처음 제안했는데 17세기 후반에 가서야 비로소 널리 실행되었다. 이렇게 해서 조용조가 모두 쌀, 베, 돈으로 대체되어 세정의 개혁이 이루어진 것 같았으나 중앙이 지방 관아를 제대로 통제할 수 없었다. 그 결과 각종 비리가 만연하게 되었고, 이른바 '삼정의 문란'이라는 국가적 혼란 상태에 이르렀다. 1818년에 초간본이 발간되고 1821년에 수정본이 발간된 『목민심서』는 바로 이런 상황을 기록하고 분석하고 대책을 제시한 역저였다. 이 논문은 『목민심서』에서 6부 호전의 세정 관련 내용을 정리하고, 이에 대한 사회학적 독해를 통해 조선 후기에 대한 이론적 이해를 시도했다.

다. 이 문제는 많은 쟁점을 내포할 수 있을 것이다. 다산의 『목민심서』는 이러한 문제를 이해하는 데 많은 단서를 제공하고 있다. 따라서 여기서는 우선 다산의 『목민심서』를 근거로 해서 농민을 수탈하는 실상을 정리해서 그 기제를 이해하고자 한다.[2] 그리고 그것이 사회체제적으로 내포하는 의미를 다산이 주장하는 몇 가지 개혁 주장과 관련해서 간단히 검토하고, 몇 가지 가설적 명제를 제기해 보는 것으로 한정지을 것이다.

---

[2]  여기서 사용하는 『목민심서』는 우선적으로 다산연구회가 번역한 『역주 목민심서』, 창작과비평사이다. 이 역주본은 I~V권으로 나누어 출판되었기 때문에 앞으로 이 글에서 이 책을 제시할 때는 ~권 ~면(예컨대 I-3은 I권 3면을 뜻한다)으로만 표시할 것이다.

보주 『목민심서』는 48권 16책의 방대한 행정, 재정, 정치 저서이다. 1부 부임 6조, 2부 율기 6조, 3부 봉공 6조, 4부 애민 6조, 5부 이전 6조, 6부 호전 6조, 7부 예전 6조, 8부 병전 6조, 9부 형전 6조, 10부 공전 6조, 11부 진황 6조, 12부 해관 6조 등의 12부로 나누어, 관리의 부임-행정-사직의 시간 순서로, 이호예병형공의 6부 구성에 따라, 국가 운영의 기본인 수령의 역할과 과제를 상세히 저술했다.

## II 농민에 대한 수탈 기제

### 1. 배경적 논의

소위 전정(田政), 군정(軍政), 환정(還政)의 삼정(三政)에서 수탈이 자행된 기제는 실상 상호보완적이면서 하나의 통합된 수탈 기능 체제를 이루고 있었고, 이것이 주로 농민의 대다수를 이루는 소규모 개별 경영의 전호(佃戶)[3] 농민의 경작지를 대상으로 하여 집중적 수탈을 자행하고 있었다.

　　조선 초기 과전법(科田法) 체제에서는 전체 호수의 7/10이 유전자(有田者)였으며, 그들의 절대 다수가 자영 소농민이었고, 과전법은 법제적으로 공전과 사전을 막론하고 모두에게 1/10의 조율을 엄격하게 규정하여 할거적이고 약탈적인 농민 수탈을 자행하였다.[4] 16세기 이후에는 지주·전호제가 전면적으로 발전하

---

[3]　보주 '조선시대 병작제 아래 차지농(借地農) 혹은 고려시대~조선시대 '국전(國田)'의 이념 아래 규정된 일반 농민'을 뜻한다.'《한국민족문화대백과사전》참고.

[4]　金泰永, 『朝鮮 前期 土地制度史 硏究』, 知識産業社, 1983, p.150.

였고, 18세기에 이르면 무전자(無田者)가 7/10이나 되며[5] 지주·전호제가 보편화되었다. 즉 15세기 말~16세기 초에 조세(租稅), 군역(軍役), 요역(徭役)[6], 공납(貢納) 등의 국가적 수취가 더욱 가혹해졌고, 국가 지배 세력과 제휴한 세력도 소농민을 침탈함으로써 자영농이 점차 토지를 침탈당하고 전호로 전락되었다.[7] 이와 같이 영세화된 소작농민이 가중된 조세·국역뿐만 아니라 환정을 통한 수탈의 중첩적인 대상으로 변모하였고, 이 모든 수탈은 '전결'(田結)이 보여주듯이 대체로 일단 경작하는 토지에서 뽑아내는 형태를 취하고 있었다.

군정에서도 조선 후기에 모순은 더욱 심화되고 군역의 부담은 더욱 가중되었다. 군제는 조선 왕조에서 개병제(皆兵制)[8]가 제

---

5   金泰永, 위의 책,

6   보주 '국가가 백성의 노동력을 무상으로 징발하던 수취 제도'를 뜻한다. 《한국민족문화대백과사전》 참고.

7   위의 pp.184~185. 17세기 이래의 농민 분화는 단지 가혹한 국가적 수취의 요인만이 아니라 다른 요인들도 같이 작용하고 있었다. "토지 소유관계를 중심한 농민층의 분화는 17세기 이래의 농법 개량이나 농업 생산력의 발전 및 이에 수반하여 일어난 경영 확대·유통경제의 발달과, 이와 관련하여 일어나는 농업경영방식의 변화, 즉 상업적인 농업의 발달, 그리고 봉건적인 지배층이나 지주층·부농층의 신전(新田) 개발과 토지집적 및 인구팽창에 따르는 경지의 부족과 편중 등 여러 가지 요인으로 일어나고 있었지만, 이러한 현상이 19세기에 이르러서는 더욱 격심하여지고, 따라서 토지 소유에 있어서의 격차도 더욱 현저하여지고 있었다." 金容燮, 『韓國 近代 農業史 硏究-增補版』, 一潮閣, 1984, p.5.

8   보주 개병제는 모든 국민이 군역을 지는 것이나 조선의 개병제는 16-60살의 평민·양반의 남성이 군역을 지는 것이었다.

도적으로 확립됐는데, 이것은 양인(良人) 신분[9]의 모든 남정을 군역의 직접적인 담당자로 규정하되 정규의 군사로 활동할 사람(호수戶首라고 했다)과 그의 경제적 뒷받침을 맡은 봉족(奉足)의 두 부류로 나누어 병종(兵種)에 따라 호수 하나에 봉족 몇을 일정하게 배정하여 군호(軍戶)가 되게 하였다. 세조 때에는 세종 때의 호구조사의 진전을 바탕으로 보법(保法)이 성립됨으로써 군호의 편성이 인정(人丁) 단위로 바뀌게 되었다. 보법은 많은 군역 대상자를 확보할 수 있었지만 농사에 종사하거나 평시에는 부역을 담당하고 행군 시에는 치중(輜重)을 담당할 여정(餘丁)의 존재가 인정되지 않게 됨에 따라 일반 백성(즉 자연호)의 생활권이 위협받음으로써 군역을 포(布)로써 대납하는 포납화의 경향을 유발시키게 되었다. 즉 번상(番上)으로 나가는 당번의 군사는 고된 역역(力役)을 피하고 자기의 생업을 유지하기 위하여 보인(保人)으로부터 받은 포로 타인을 고용하든가 면역(免役)의 댓가를 지불하고 귀향하는 추세를 보였는데 성종 말기에 대역납포(代役納布, 군역 대신 포를 납부) 또는 방군수포(放軍收布, 군역 대신 포를 수납)의 현상이

---

[9] 보주 조선은 법제적=국가적으로는 국민을 양인과 천민으로 양분하는 '양천제'(良賤制)를 기본으로 했고, 실제적=사회적으로는 지배층과 피지배층을 '반상제'(班常制)로 구획해서 통치했다. 반은 문반과 무반의 양반=귀족층이고, 상은 평민을 뜻하며, 천민은 여기서 아예 배제됐다. "양인(良人)은 조선시대에 천민(賤民)인 노비를 제외한 모든 계층을 통칭하는 말로, 양반, 중인 및 일반 백성인 상민(常民)을 포괄한다. 양인은 공민권을 가졌고, 그 대가로 국가에 대하여 조세, 공납, 군역, 그리고 요역의 의무를 졌다. 양인은 법제적으로는 자유민이지만, 직업과 경제력의 차이에 따라서 복잡한 계층으로 구성되었다."(《위키백과》, '양인')

보편화되기 시작하였다. 나중에 관에서 대립가(代立價, 대신 군역을 지게 하는 가격)를 공식으로 정하게 하는 것에 이르러 대역납포가 방군수포로 변하게 됐는데 그 값이 엄청나게 높았다. 이렇게 되자 군사(즉 호수)가 도망쳐서 떠돌게 되었고, 그렇기 때문에 그 대립가의 부담이 다시 보인·인족(隣族 이웃과 친족)으로 전가됨에 따라 연쇄적으로 도망쳐서 떠돌게 되는 현상이 발생하였다. 이렇게 군적(軍籍)은 이미 조선 전기에 순전히 수포(收布)의 대상으로 바뀌었고, 이 점에서 조선의 군사제도는 근본적 모순을 안고 있었다. 그러므로 정약용은 "대오(隊伍)는 명목이요 미포(米布)는 실질이다"[10]고 하였다. 번상제가 사실상 폐지되고 대신 군포를 징수하게 됨으로써 군포(軍布)는 양인의 신역(身役)을 대체하는 것이 되었다.

임진왜란 이후 오위(五衛: 조선 전기의 중앙군사조직)가 혁파되고 오영(五營)이 설치되었다. (1)훈련도감(訓鍊都監): 선조 1598년 설치, 수도 수비를 담당한 군영, (2)총융청(摠戎廳): 인조 1624년 설치, 서울의 외각인 경기 일대의 경비를 위해 특설한 군영, (3)수어청(守禦廳): 인조 1626년 설치, 남한산성을 수축하고 그 부근의 여러 진(鎭)을 지키기 위해 설치한 군영. (4)어영청(御營廳): 효종 1652년 설치, 서울의 군영으로 화포의 교습을 담당, (5)금위영(禁衛營): 숙종 1682년 설치, 중부 별대와 병조 정초군을 합쳐 병조판서가 겸임. 수어청과 총융청은 그 군졸을 경기 지역 내에서 뽑았고, 훈련도감·어영청·금위영은 군졸을 뽑는 것과 군포를 거두는 것이 각 도에 두루 미치었다. 군문이 오위로 확장됐음에도

---

10  IV-116.

정군(正軍=戶首)에 보인(保人) 2-3명을 딸려서 이들에게서 미포(米布)를 거두어 물자와 장비로 쓰게 하는 방법은 그대로 지속되었으며, 1년에 쌀로 바칠 때는 12두로 하고, 포로 바칠 때는 2필로 하고, 돈을 바칠 때는 4냥으로 하였다.

    병자호란이 끝난 후에 청과의 강화조약에 의하여 서울 주변의 군사 진지가 없어지고 정군의 번상이 중지되었음에도 (즉 실질적으로 오군영 진법이 폐지되었다) 보포(保布)를 거두어 서울의 각 군영에 보내게 되었고, 번상이 중지된 정군에 대해서도 신포(身布)를 거두어 서울의 각 군영에 보내게 되었다.[11]

    따라서 군정의 모순은 군적(軍籍)이 수포(收布)의 대장으로 전환된 데서 비롯되었고, 군 재정을 전적으로 군포(軍布)에 의존하는 데서 발생하고 있었다. 영조 16년(1750년)에 실시했던 균역법(均役法)이 군역을 공정하게 하려 했으나 오히려 군포 징수자의 수를 증대시켜 가중하게 수취하고 있었다.

    환자(還上: 이두(吏讀)로서 환자라 읽음)는 구휼(救恤) 제도의 일환으로서 관곡(官穀)을 봄에 농민에게 대여하였다가 가을에 환수하는 제도이며, 이 제도는 조선왕조 초기에 의창(義倉) 운영에 의한 곡물의 무상대여 제도로 시작되었다. 그런데 곡물은 창고에 보관되는 동안 모손(耗損)되기도 하고, 대여된 곡식을 환수치 못하는 경우도 발생하므로 환곡이 장기적으로 유지되려면 어떤 방법에 의해서든지 보충되어야 했다. 따라서 조선왕조 후기에 오염 자연히 환곡에 대한 모곡(耗穀, 원곡의 모손을 보충하는 곡식)을 발생시키는 방법, 즉 환자의 식리(殖利)가 발생하게 되었고, 영조 22

---

[11] IV-110.

년(1746년)에 간행된『속대전』(續大典)[12]에 규정된 원곡 1석(石: 15두)에 대해 1두5승(升)의 곡물을 부가하는 1할 모법(取耗什一, 什一耗法)이 이미 오래 전부터 실시되고 있었던 것 같았다.[13] 그 구휼적 성격이 결정적으로 상실되고 환곡의 규모가 증대됨에 있어서 환곡은 자체 증식의 기제를 갖게 됐고, 그때부터 환곡은 18세기 이후 국가재정의 원천으로서 국가수취체계에 편입되기에 이르렀다.[14]

"이 시기에 이르면 농민 구휼에 관여했던 호조, 상진청(常賑廳), 비변사 외에 균역청, 선혜청, 장용청(壯勇廳) 등과 같이 농민 구휼과 무관한 중앙아문들이 많은 환곡을 보유하게 되었으며, 감영, 병영, 수영 등 지방아문들도 농민 구휼곡의 운영을 대행하던 종래의 방식과는 달리 자체의 재원조달을 위해 독자적 환곡들을 보유하게 되었다. 이처럼 환곡이 각 아문의 모곡 수입을 위한 수단으로 바뀌게 되자 법전에 규정된 반유반분(半留半分)의 원칙은 사실상 무너지고 가분(加分), 진분(盡分)의 경향이 두드러지게 나타났으며, 환곡은 농민의 요청에 의해 분급(分給)되는 것이 아니라 관에서 농민에게

---

12  보주『속대전』(續大典)은 1746년(영조 22년)에 간행된 조선 후기의 법전으로 성종 때『경국대전』이 간행되고 200여 년 동안 이루어진 사회 변화를 반영한 것이다.『경국대전』(經國大典)은 조선의 최고 법전으로 세조 6년(1460년)에 편찬되기 시작해서 성종 15년(1484년)에 완성됐다.

13  鄭允炯,『朝鮮王朝 後期의 財政改革과 還上問題』, 서울대학교, 1985, p.4.

14  위의 책, pp.5-6.

강제로 분급하여 모곡과 함께 환납하도록 하는 일종의 강제적 현물 대여제도가 되었다."[15]

삼정이 이와 같이 상호 융합하는 형태로 얽히는 것이었지만, 국가적 수취체계에서 부과대상에 따라 '전결에 부과된 것을 전세, 민호에 부과된 것을 공납, 그리고 인신에 부과된 것을 신역'[16]으로 구분한다면, 전세는 전정의 핵심이며, 공납은 민고(民庫)의 보충을 받으면서도 전결로 전환됐고[17], 신역은 곧 군포로 표현됐으면서도 환자의 수탈로 기능이 보완된 것이었다.[18]

따라서 이제 『목민심서』를 기초로 해서 전세, 환자, 군포에 대해 살펴보고, 부역(賦役)과 민고(民庫)[19]에 대해, 그리고 이와 수반해서 수탈이 발생하는 기초적 영역인 호적, 역역을 분류해서 정리하고자 한다.

---

[15] 위의 책, pp.6-7.

[16] 위의 책, p.10.

[17] 약간의 예외가 있어도 결국 진상물종(進上物種,) 경사공납(京司貢納) 및 지방 관아의 수용(需用)에 응하는 민호 부담의 대부분은 대동법(大同法)의 실시 이후 결역(結役)으로 전환되었다고 할 수 있다는 것이다(위의 p.31).

[18] 위의 책, pp.9-55를 참조.

[19] 보주 부역은 전근대 시대에 국가가 백성의 노동력을 무상으로 징발하던 제도로 요부(徭賦)·차역(差役)·역역(力役)·잡역(雜役) 등으로도 불렸다. 민고는 조선 후기에 지방에서 잡역(雜役) 및 기타 관용 비용을 조달하기 위하여 설치된 재정기구를 뜻한다. 《한국민족문화대백과사전》참고.

## 2. 전세(田稅)

### (1) 계정(計定)
농민이 세(稅)를 내는 것은 세 가지가 있었다. 즉 국납(國納, 국세)·선급(船給, 배 사용료)·읍징(邑徵, 지방세)이다. 이 세를 부과하는 방법으로 결렴(結斂)·쇄렴(碎斂)·석렴(石斂)이 있었다. 이 세의 계정은 다음과 같다.

### (가) 전세의 계정
① 국납의 계정

1결마다 전세미는 6두, 대동미[20]는 12두, 삼수미[21] 1두2승, 결미(結米)[22]는 3두였다. 돈(結錢)으로 낼 때는 5전과 이전(耳錢) 1문이었다. 황해도에서는 별수미(別收米) 3두가 있었다. 이것은 모두 농지 1결에 부과하는 결렴(結斂, 농지의 결에 따라 거둔다)이었다.

창작지미(倉作紙米)[23] 2석, 호조작지미(戶曹作紙米)[24] 5석, 공

---

[20] 호역(戶役)으로서의 공물·진상·관수(官需)·쇄마(刷馬) 등 경외(京外)의 제반 과수(課收)를 전세화하고, 이들의 조달을 공인(貢人)·시인(市人) 및 민간에 급가(給價) 수용(收用)케 하는 것을 골자로 하는 조선왕조 후기의 납세·재정제도이다('대동법', 서울대학교 東亞文化硏究所 編, 『韓國 政治經濟學 事典』, 신구문화사, 1976, pp.218-220).

[21] 훈련도감 소속의 포수·살수·사수, 즉 삼수군의 방료(放料)로 하기 위한 것인데, 인조 12년(1634년)에 와서 삼남의 삼수미를 전답 구별없이 쌀 1두2승으로 하였고, 경기에는 이의 부과가 면제되었다.

[22] 균역법에는 2두로 규정되었으나 그 뒤에 불법적으로 첨가되어 3두로 되었다.

[23] 서울의 창고에서 세곡 수납 행정에 쓰는 종이 값이라는 명목으로 받아

익역가미(貢人役價米)²⁵ 5석이 있었다. 이것은 수천여 결에 배당·부과했기 때문에 납세자에게는 소량으로 쪼개어 나왔다. 이것이 쇄렴(碎斂, 쪼개어 거둔다)이었다.

또 이 세곡 1석마다 가승미(加升米)²⁶ 3승, 곡상미(斛上米)²⁷ 3승, 경창역가미(京倉役價米)²⁸ 6승, 하선입창가미(下船入倉價米)²⁹ 7홉5작이 있다.³⁰ 이것은 석렴(石斂)이었다.³¹

---

낸 일종의 수수료였다.

24    호조에서의 세곡 수납 행정에 쓰이는 종이 값의 명목으로 받아낸 세목인데 『속대전』에서 처음으로 법조문으로 제시.

25    경창(京倉) 소속 공인의 구실에 대한 보수의 명목으로 설정된 세목. 경창의 역원이 차지하는 몫. 『속대전』에서 처음으로 법조문으로 제시.

26    누락됐거나 쥐와 새가 먹어서 감손되는 것을 보충한다는 명목으로 설정된 세목. 『속대전』에서 처음으로 법조문으로 제시.

27    세곡 자체의 부패·건조 등에 의한 전세의 감손을 보충한다는 명목으로 설정된 세목. 『속대전』에서 처음으로 법조문으로 제시.

28    경창의 역할에 대한 보수의 명목으로 설정된 세목. 경창의 공인 외의 역원이 차지하는 몫. 『속대전』에서 처음으로 법조문으로 제시.

29    이가미(二價米)라고도 함. 하선가와 입창가로 나누어진다. 세곡을 조선(漕船)에서 내려 경창 창고에 넣는데, 세곡 1석당 인부 2명이 필요하다고 하여 그 품삯에 충당한다는 명목으로 설정된 세목. 『속대전』에서 처음으로 법조문으로 제시.

30    보주 "조선시대 표준양기의 단위는 『경국대전(經國大典)』에 의하면 '작(勺:사)·합(合:홉)·승(升:되)·두(斗:말)·석(石:섬)'으로 기록되어 있고, '10작(勺)=1합(合), 10합=1승(升), 10승=1두(斗)'는 10진법으로 이루어져 있는데 반해 두와 석의 관계는 15두=1석(평석)과 20두=1석(전석)이었다."《한국민족문화대백과사전》의 '표준 양기(標準 量器)' 참고.

② 선급의 계정

1석마다 선가미(船價米)³²는 3두5승이며, 부가미(浮價米)³³는 13두이며, 가급미(加給米)³⁴는 8승이며, 인정미(人情米)³⁵는 2승이다.³⁶

③ 읍징의 계정

1결마다 본현의 치계시탄가미(雉鷄柴炭價米)³⁷가 4두이며, 부족미

---

**31** II-238~240.

**32** 각 도의 세곡을 조운할 때 거리를 헤아려서 뱃삯을 준다는 명목으로 설정한 세목. 영조 36년(1760년) 무렵부터 일반화되기 시작하였는데, 말하자면 전세 운반의 부담을 농민에게 전가시켰던 것이다.

**33** 법전에 규정이 없는데도 중앙정부의 승인하에 공공연히 관행된 세목으로 뱃사람의 수입으로 되었다.

**34** 법전에서 규정되지 않은 것인데, 부가미에 추가된 것이다.

**35** 각종 세(稅)의 봉납이나 공문서의 접수 등에 담당자의 수고를 위로하는 인정의 표시라는 명목으로 관행된 일종의 수수료를 인정이라 하였다. 여기는 세곡 검시(檢視)를 위해 조창에 파견되어 말질을 장악하는 관리의 수고를 위로한다는 명목으로 관행된 세목을 가리킨다.
보주 '말질'은 곡식의 양을 재는 것인데, 여기서 말은 곡식·액체·가루 등의 양을 재는 기본 단위로 두(斗)의 우리말이다. 다산이 '백세의 스승'으로 모셨던 성호 이익(1681~1763)은 조선을 '인정의 나라'라고 하면서 인정의 실제 뜻은 뇌물이라고 했다('論括田'). 인정미는 뇌물이 아예 세금으로 공식화된 것이었다.

**36** II-242.

**37** 수령이 수용(需用)하는 꿩·닭·땔나무·숯 등의 비용이라는 명목으로 영조 21년(1751년) 경에 설정된 세목. 원래 군현에는 이런 수용을 위해 아녹전(衙祿田)·공수전(公須田)·관둔전(官屯田) 등이 배정되어 있었고, 또 유치

(不足米)[38]가 몇 승이며, 치계색락미(雉鷄色落米)[39]가 1승6홉이다. 이것은 결렴이다.

    1석마다 간색미(看色米)[40]는 1승이며, 낙정미(落庭米)[41]는 4승이며, 타석미(打石米)[42]는 1승이다. 이것은 모두 석렴이다.

    전세기선감리양미(田稅騎船監吏糧米)[43]는 20석이며, 대동기선감리양미(大同騎船監吏糧米)[44]는 20석이며, 경주인역가미(京主人

---

미(留置米) 중의 관수에도 이런 수용이 이미 계정되어 있었으나 이것들은 이미 수령들의 사용(私用)으로 유명무실해졌기 때문에 이것이 새로 설정되었던 것으로 보인다.

**38** 치계시탄가미를 월별로 나누는데 부족한 것을 메운다는 명목으로 설정된 세목.『經世遺表』卷7의 地官 修制 田制7에 의하면 강진에서는 9승이었다.

**39** 치계시탄가미의 간색미와 낙정미란 명목으로 관행된 세목으로서 역시 수령의 몫에 해당된다.

**40** 세곡의 품질을 알아 보기 위해 견본으로 빼내 보는 쌀이라는 명목의 세목.

**41** 세곡을 말질할 때 땅에 흩어지는 것을 보충하기 위한 쌀이라는 명목의 세목.

**42** 세곡을 거두어 섬(石)으로 만들 때 축나는 것을 보충하기 위한 쌀이라는 명목의 세목. 이 간색미·낙정미·타석미는 수령을 따라 조창에 나아간 창노(倉奴)들이 거두어서 아전·군교들과 나누어 먹었다.

**43** 보주 전세를 조운할 때 조선(漕船)에 같이 타도록 규정되어 있는 군현의 감관과 색리(色吏)에게 지급한다는 명목의 세목. 조선 때 향리(지방 관리)는 양반 사족과 구분된 하층 지배층으로 戶長層·六房層·色吏層으로 나뉘었고, '색리층은 천역에 가까운 향역을 지고 있는 지방행정의 하수인'으로 '사회 신분적으로 하급 지배층에 드는 것이 아니라 樂工·志道·繪史 등의 잡직 기술관과 마찬가지로 양·천 인 신분에 해당'됐다.《우리역사넷-신편 한국사》의 '향리'를 참고.

**44** 대동미를 조운할 때에도 위와 같았다.

役價米)⁴⁵는 60석이며, 영주인역가미(營主人役價米)⁴⁶는 90석이며, 진상첨가미(進上添價米)⁴⁷는 90석이며(우첨가미又添加米⁴⁸ 200석이 있다), 병영주인역가미(兵營主人役價米)⁴⁹는 14석이며, 호방청전관미(戶房廳傳關米)⁵⁰는 130석이다. 이상은 모두 쇄렴(碎斂)이다.⁵¹

---

**45** 보주 경주인의 역에 대한 보수. "경주인(京主人)은 지방 군현의 서울 사무소인 경저(京邸)의 주인이라는 의미로 경저주인(京邸主人), 경저리(京邸吏) 또는 줄여서 주인이라고도 불리며, 지방 관아가 서울에서 해야 할 모든 일을 담당하였다."《위키 실록사전》의 '경주인'을 참고.

**46** 보주 영주인의 역에 대한 보수. "향리들은 중앙과 영문(營門) 사이의 연락 업무를 위하여 중앙과 영문에 파견되어 근무하기도 하였다. 중앙에 파견된 자를 경주인(京主人)이라고 하였고, 영문에 파견된 자를 영주인(營主人)이라고 하였다. 영주인은 파견된 장소에 따라 이름을 달리하였다."《위키 실록사전》의 '영주인'을 참고.

**47** 대동법의 실시 이후 각 군현에서 공물과 진상을 직접 현물 형태로 중앙에 바치는 것은 원칙적으로 폐지된 반면에, 감사가 특수 공물과 진상을 삭선(朔膳: 매월 초하룻날 각 도의 특산물을 정기적으로 왕실에 진상하는 물선진상)의 명목으로 왕에게 현물 형태로 상납하는 제도가 시작되었다. 게다가 17세기 말(숙종 중반)부터는 감사가 임지에 가족을 데리고 가는 관행이 시작됨으로써 막대한 생활비와 중앙의 세도 대신들에게 상납해야 할 막대한 뇌물이 필요하게 되었다. 이 부담을 메운다는 명복의 세목이다. 감사에게 필요한 이런 수용은 대동미의 유치미의 일부인 영수(營需)·감사지공(監司支供: 감사가 각 군현을 순시할 때 접대하는 것) 등으로 지출하도록 계정되어 있었음에도 불구하고 진상첨가미가 또 관행되고 있었다는 것은 유치미의 점차적인 감축에도 원인이 있었으나 감사의 사복(私腹) 충당이 불어났기 때문이었다.

**48** 진상첨가비에 다시 추가되는 세목인 듯하다.

**49** 병영주인의 역에 대한 보수. 군현은 행정구로서는 감영에 예속되지만 진관체제의 군관구로서는 병영에 예속되었다. 병영에 거주하면서 병영과 분 군현의 연락을 맡은 자가 병영주인이다.

④ 계판 외의 부담

위의 국납(國納)·선급(船給)·읍징(邑徵)은 농민이 기본적으로 납부해야 할 세인데, 부과될 때 계판(計版: 군현에서 수령·도리(都吏) 및 아전들이 그 고을의 그 해 세렴(稅斂, 세를 거두는 것)의 대개를 논의 작성한 문서)에 명시되는 것이다. 이 외에 계판에 실리지 않았어도 전결 부담이 있었다.[52]

감영·병영에 납부하는(營納) 규장각 책지가(奎章閣 冊紙價) 3푼이 있다. 이것은 결렴이다.

수령에 납부하는(官納) 신관쇄마가(新官刷馬價)[53] 300여냥(많은 경우 400여냥), 구관쇄마가(舊官刷馬價)[54: 구관은 공식으로 주는 비용이 없기 때문에 배로 거둔다) 600여냥, 신관아수리잡비전(新官衙修理雜費錢)[55] 100여냥이 있다. 이상은 쇄렴이다.

---

**50** 군현의 호방에는 전관색(傳關色)과 승발색(承發色)이 있었는데, 이들이 영문에 문서를 보고하는 각가(脚價, 운반비)라는 명목으로 전관색에게는 매월 9석, 승발색에게는 매월 2석씩 지급하기 위하여 거둔 세목. 이것을 계산하면 132석이 된다.
보주 전관색은 공문을 전관(專管)하던 자, 승발색은 잡무를 처리하던 자. 색(色)은 오늘날의 계(係).

**51** II-245~246.

**52** II-251~252.

**53** 새로 부임하는 수령의 신영(新迎)에 드는 쇄마(지방 관아의 공무용 말)의 비용 명목의 세목. 이것은 유치미 중에서 쓰도록 법제화되어 있었는데도 다시 군현의 전결에서 쇄렴으로 거두었다.

**54** 구관을 보내는 데 드는 쇄마의 비용 명목의 세목.

**55** 신영의 한 절차로서 관아를 수리한다는 명목의 세목.

이징(吏徵)으로는 1결마다 서원고급조(書員考給租)⁵⁶ 4두, 방주인근수조(坊主人勤受租)⁵⁷ 2두가 있다. 이상은 모두 결렴이다.

토지나 가호에 따라 거두기도 하는 것으로서 민고전(民庫錢)·표선전(漂船錢)⁵⁸이 있는데, 토지에서 거두면 민고전은 1결에 해마다 1냥2~3전을 거두거나 조(租)⁵⁹ 30~40두를 거둔다. 표선잡비(漂船雜費)는 매 1결에 돈 30~40푼 내지 50~60푼을 거둔다.

혹 환자(還上)를 전결에 따라 분배한 것은 해마다 1결당 조(租) 2~3석을 거둔다.

이렇게 수취되는 것만으로도 정약용은 백성이 견딜 수 없다고 말하고 있다.

---

**56**  농지를 답사하며 재실(災實)을 조사하는 서원에게 공정을 기하게 하기 위해 1결당 조 4두씩을 거두어 주던 것이 관례화된 세목.

**57**  방주인에 대한 보수 명목의 세목.
보주 방주인은 조선에서 주(州)·부(府)·군(郡)·현(縣)과 방(坊) 사이의 심부름을 맡아 하던 자. 방은 면(面)과 같은 지방 행정구역. 도(관찰사)-주-목-부-군-현-방(면)-리의 순서다.《우리역사넷-신편 한국사》의 '도역과 군현 및 면·리 편성'을 참고. 조선은 500년 동안 '팔도제'를 운영하다가 1895년 '23부제'로 바꾸었으나 너무 과격한 변화여서 1896년 '13도제'로 다시 바꾸었다.

**58**  외국 선박이 표착하는 경우에 중앙에서 문정관(問情官)·접위관(接慰官) 등이 내려와서 조사하고 표선을 돌려보내는 것이 일반적이었는데, 이에 소요되는 접대비, 귀환 보조비라는 명목의 세목.

**59**  보주 중국의 조위(曹魏, 조조의 위)에서 확립된 세제인 조용조(租庸調)가 고구려·백제·신라로 전해져서 이어졌다. 조는 농지에 부과되는 농지세, 용은 개인에게 부과되는 노동, 조는 마을에 부과되는 산물 등이다.

"1결의 논에서 수확하는 곡식이 많으면 800두요, 적게는 600두요, 더 적으면 400두일 뿐이다. 농부들은 제 땅이 없고 모두 남의 땅을 경작하는데 일년 내내 고성해야 여덟 식구의 식량과 이웃에 주는 품삯을 치러야 하는데다가 추수 때가 되면 땅 주인이 수확의 반을 나누어가니 600두를 추수한 농부가 제 몫으로 가지는 것은 300두뿐이다. 종자를 제하고 빚을 갚고 세전(歲前)의 양식을 제하면 남는 것은 100두가 되지 않는데 부세로 긁어가고 빼앗아가는 것이 이와 같이 극도에 이르니, 슬프다, 이 가난한 백성들이 어찌 살겠는가?"[60]

### (나) 계정에서의 문제

계판으로써 부담 세액이 결정된 자체에 이미 농민의 부담이 가중된 요소들이 들어 있고, 또 이에 관·이가 농간질하는 틈새가 모두 들어 있는 것이다. 이것을 살펴보면 다음과 같다.

### ㄱ. 국납(國納)의 경우

#### ①결렴 자체의 문제

국법에 하하전(下下田: 토지의 최하 등급)의 세미(稅米)는 4두인데 이미 6두로 부과하고 있으며, 국법에 한전세(旱田稅)는 법제에서는 콩으로 거두게 되어 있고, 콩 2두는 쌀 1두에 해당되는데, 실제로는 쌀 2두를 거두고 있다.[61]

---

[60] II-253.
[61] II-240.

②쇄렴의 문제

쇄렴하는 쌀은 12석이며, 12석은 180두이며, 180두는 1,800승이다. 쇄렴을 결렴에 나누어 붙이면 5홉짜리가 3,600 단위로 나누어진다. 만약 한 고을에 세 부담 농토의 실결(實結) 전총(田總)이 3600결이면 매 1결당 쇄렴미가 5홉에 불과하고, 1결의 세가 실제 납부 의무자 여러 사람으로 한 단위가 되었다면 그 여러 사람들에게 5홉이 세분되게 된다. 그러므로 1홉 미만이 되는 것은 모두 1홉을 거두고, 1홉을 거둘 수 있는 것은 모두 반 되를 거두게 되는 것이니, 법대로 거두자면 12석에 불과한 것이나 농민이 바치는 양은 수백 석이 된다. 이 부분은 고을에서 세곡을 거두는 호수(戶首)의 이득이 되므로 아전들이 호수에게 걸복(乞卜)·조복(助卜)이라는 이름으로 그 이득을 뜯어내므로 아전의 이득이 되는 것이다.

또한 은결(隱結)·여결(餘結) 및 방납결(防納結)이 세의 납부 대상인 전결에서 빠진 것들인데, 여기에 또 쇄렴에서조차 빠지게 되니 국가와 납세자인 농민 양쪽에 손해를 끼치는 것이다.[62]

③석렴의 문제

석렴에 매 1석마다라고 하는 것은 세미가 서울에 도착하여 경창에 들어가는 실제의 숫자를 기준으로 1석을 지칭하는 것이다. 그러면 석렴에서 세미 1석에 1두 2승 7홉 5작을 거두는 것이 된다.

그런데 실제로는 이것이 기준이 되지 않고, 기준 총량이 불어나 있다. 즉 앞서 제시된 바와 같이 하하전에서 2두가 더 붙었

---

[62] II-240~241.

고(下下之勝), 한전에서 쌀이 1두 더 붙었으며(黃頭之勝), 여기에 또 선급과 읍징의 곡식까지 합쳐진 총량의 숫자를 가지고 석렴하므로 그만큼 농민의 부담은 억울한 것이다.[63]

### ㄴ. 선급의 경우
#### ①선가미의 문제
정약용은 선가미 3두5승은 통례가 아님을 지적하고 있다.[64] 또 석렴은 국납의 석렴과 같이 경창에 바치는 실납의 액수를 기준으로 하여 이 석렴을 배정해야 한다.[65] 또 은결과 방납결에서 나와야 하는 세미는 모두 현지에서 녹아 없어지는데도 이 땅에서 선가를 징수하는 아전들이 농간질한다.[66]

#### ②부가미・가급미(加給米)의 문제
『대전통편』[67]에 있는 가승미(加升米) 3승, 곡상미(斛上米) 3승도

---

63  Ⅱ-241.
64  Ⅱ-242, 243.
65  Ⅱ-243.
66  Ⅱ-244.
67   보주 "『대전통편』은 성종대의 『경국대전(經國大典)』, 영조대의 『속대전(續大典)』의 법령과 그 뒤의 수교(受敎)를 통합・정리하기 위해서 1785년(정조 9)에 편찬되었다. 『대전통편』은 『경국대전』과 『속대전』을 통합하여 증보하고 『속대전』 이후의 수교와 정조대 법례를 모아 한 책으로 만든 것이다. 『대전통편』의 부문(部門)과 항목(項目)의 구분은 『경국대전』의 체제를 따랐으며, 이전(吏典), 호전(戶典), 예전(禮典), 병전(兵典), 형전(刑典), 공전(工典)의 육전(六典)체제로 편집되었다." '우리역사넷 – 대전통편' 참고.

이미 과외인데, 실제는 법규 외에 멋대로 3배나 더 거두고 있다. 이것은 고을 아전과, 부정과 교만함이 갈수록 심해진 뱃사람과의 결탁에 의해 선급(船給)의 관례가 해마다 증대해 간 것이다.[68]

### ㄷ. 읍징의 경우
#### ① 치계시탄가미의 문제

수령은 본래 중앙정부에서 지급하는 봉록은 없다. 그러면서도 이조 후기에 이르면 무인은 몸소 전관(銓官: 관리를 임용하는 이조의 당상관과 병조판서를 가리킴)을 찾아가 수령 자리를 구걸하기도 했고, 문신으로서 홍문관·승정원에 있는 자가 수령 자리를 구하기도 했다.

> "아래에서는 부모를 공양하려는 효성으로써 고을살이를 구걸하고, 위에서는 그 효도의 이치로써 그것을 허락하는데, 오랜 습관의 풍속을 이루어서 그것을 당연하게 여기게 되었다."[69]

그럼에도 불구하고 수령의 자리가 부의 축적을 가능케 하는 것이 조선왕조 수취 제도의 특징일 수 있었다.

수령의 수용(需用)을 위해서 아록전·공수전·관둔전이 배정되어 있었고, 유치미에도 이를 위한 계정이 있었으나, 이것은 모두 수령의 사용(私用)으로 들어가서 유명무실해져 버렸기 때문에

---

68  II-244, 245.

69  I-14.

수령의 수용을 위해서 읍징의 결렴으로써 이 치계시탄가미가 징수되었다. 1결에 4두의 징수 자체가 가혹했던 것으로 보인다. 경기·충청·경상·전라의 도에서 그 율이 모두 같았고, 또 풍년과 흉년을 막론하고 1결 4두에 가감이 없었다. 영조 신미년(1751년)에 균역법(均役法)을 공포해서 정해졌다. 흉년이 들어 재감(災減)이 있는 해에는 거두어들이는 것이 조금씩 적어질 것이나, 수령이 차지하는 이 치계시탄가미는 조금도 동요하지 않았다. 재해를 당한 해에는 그 고을의 최고의 수확 총수(풍년 수확의 총수)를 기준으로 잡아 재해를 당하지 않은 전결에 더 부과하여 징수하였다.

"가령 전총(田總)이 4천결인 경우 1결에 4두를 거두면 1만6천두이다. 이에 최고 수확의 해를 기준으로 잡아 항상적인 수입으로 정하고 재해로 1천결이 감해진 해에는 나머지 3천결 안에서 1만6천두를 나누어 거두니 1결당 각각 쌀 5두3승3홉3작이 된다. 따라서 분래의 규정 4두 이외에 더 거두는 쌀이 1두3승3홉3작이다. 흉년에 쌀값이 1두에 1백전이면 이 수령은 1결에서 134전을 거저 거둔 것이 되니 [3천결이면 그 돈이 402,000전이다-필자 주] 팽죄(烹罪, 삶아 죽이는 팽형에 해당되는 죄)감이 아니겠는가? 전세미 6두, 대동미 12두, 치계시탄미 4두는 1결에서 거두는 본래의 규정임에는 마찬가지다. 전세와 대동은 상례대로 거두는데 치계미만 유독 더 부가해서 거두니..."[70]

---

[70] II-247.

② 색락미·타석미의 문제

모두 석렴인데, 입징물 중 석렴에 해당되는 것을 계판에 기재해 놓으면 석수가 불어나서 아전들이 거두어 차지하는 수가 한정이 없게 된다. (국납의 쇄렴 경우를 참조.) 또 은결·방결전에는 쇄렴시키지 않음으로써 간접적으로 아전의 차지는 온전해지고 농민의 부담은 줄지 않는다.

③ 경주인역가미[71]와 영주인역가미의 문제

정약용은 경주인역가미가 증대해 가는 이유를 두 가지로 요약하였다.[72] 첫째, 조정의 권귀(權貴)들이 저리(邸吏 경주인을 뜻한다) 자리를 사는 것이며, 둘째는 수령이 몰래 저리로부터 뇌물을 받는 일이다. 조정의 권귀가 저리 자리를 사면 비변사에서 공문을 보내어 항상 저리를 비호하여 이들을 살찌게 하니 경주인역가가 불어난다. 한편 새로 부임하는 수령이 임지로 간 뒤에 저리들이 가만히 5~6백냥을 수령의 본가에 바치고,[73] 또 진귀한 물건을 가지고 수령의 임지에 가서 내사(內舍)에 바치고 향승(鄕丞)과 수리(首吏)에게 바쳐 역가 올리기를 도모했다. 이렇게 하여 새 수령이 이를 계승하여 언제나 증가하기만 하고 그치지 않아서 이것이 모두 전결에 부과되니 역가가 계속 불어나는 것이다.

---

**71** 보주 역가미(役價米)는 일(役에) 대한 값(價)에 해당되는 쌀이라는 뜻이다.

**72** II-248.

**73** I-17. 오히려 신임 수령이 임지로 떠나기 전 서울에서 저리(邸吏)들로부터 빚을 얻어 쓰는 경우가 허다한 듯했다. 이것을 저채(邸債)라 한다.

정약용은 영주인역가미와 진상가미가 해마다 불어나는 이유도 두 가지가 있다고 했다.[74] 첫째는 감사(監司)가 공물을 마련하는 것 때문이며, 둘째는 수령이 감사의 염문(廉問 감사가 수령의 업무 성적을 매기기 위하여 보통 영속들을 내보내어 탐문케 한다)을 두려워하는 것 때문이다. 숙종 때쯤 처음으로 감사가 임지에 가족을 데리고 가는 법이 생겼는데, 이때부터 여러 가지 폐단이 생겼다. 감사가 일상생필품이나 진귀한 물품을 친척이나 권문에 바치는데, 이런 물건을 각 고을의 저리로부터 싼값으로 사들였다. 저리가 지는 차액의 부담을 메꿀 길은 오직 그 역가를 올려 주는 길밖에 없었다. 이것은 수령으로서 감사의 비위를 맞추는 길이기도 하였다. 또 감사가 고을을 염찰(廉察)할 때도 모두 영속들을 심복으로 삼는데 그 중에서 저리가 가장 유력하였다. 수령이 이들을 다소 억제코자 하면 곧 저리들이 모여 의논하여 수령을 제거하고자 했다. 이들에 의하여 감사가 수령을 고과할 때 최하 평가인 하고(下考)로 메기도록 하거나 욕을 보여 수령 자리에서 쫓겨나게 했다. 이와 같이 해서 저리의 권력이 높아지고 그 역가가 불어나게 된 것이다.[75]

진상가미는 본래 환자미에서 회계되도록 되어 있었는데, 사납고 간사한 저리들이 전세미를 받아먹고 환자로 대신 회계했다. 왜냐하면 세미는 원래 정결하고 환자미는  정이가 많이 섞여 거칠어서 값이 3배나 차이가 났기 때문에, 저리들이 나라에 바칠 세미를 빼앗아 먹고 농민들로 하여금 그 축난 것을 메우게 했던

---

**74** Ⅱ-248.

**75** Ⅱ-249.

것이다. 예컨대 왕비가 새로 간택되면 진상가미가 불어나지만 그 대비가 죽어도 그 진상가미가 감해지지 않았다. 또한 동궁이 책봉된지 10년이 가까운데 갑자기 올해에 그 진상가미의 증액을 도모하여 쌀 70-80석을 증가시켜 민결(民結)에서 거두고 혹은 논 5-6백냥을 올려서 민호(民戶)에서 거두고 보인을 새로 만들어 해마다 수백냥의 돈을 거둔다(병영에서 한다). 수령은 이 앞에서 속수무책이다.[76] 그래서 영주인의 자리값이 뛰어올랐다. 그래서 강진의 영주인 자리값이 3백냥에서 불과 30년 사이에 1만냥이나 되었다고 하니[77] 농민의 부담이 33배나 늘어났던 셈인 것이다.

---

[76] II-249, 250.

[77] II-250. 정약용은 『經世遺表』第二卷의 刑官之屬의 綏遠司(수원사, 정약용이 제안한 해양 총괄기관)에 관한 논의에서 이렇게 밝혔다. "어떤 사람은 나라의 재력이 빈약한데 무엇으로 관직을 증설하겠느냐고 하지만, 내 생각에는 섬은 우리나라의 그윽한 수풀이니 진실로 경영만 잘하면 장차 이름도 없는 물건이 물이 솟아나듯, 산이 일어나듯 하여 수원사는 장차 호조와 같게 될 참인데, 낭관 두어 사람이 어찌 능히 다 먹을 수 있겠는가? 내가 일찍이 나주 섬에 사는 백성을 만나서 그 고통스러운 일을 물으니, 나주의 열두 섬(島)에서 해마다 읍주인(邑主人 읍의 부유층에서 차출된 관아 전속 납품업자)에게 증여하는 곡식이 6천여 섬(石)이고, 돈·솜·생선·건어물 따위 여러 가지 물건이 또 이와 같은 액수인데, 곧 나주 한 곳의 소교들(小校 하급 장교)이 먹는 것이라 한다. 지금 여러 도의 수령의 1년 동안 월름(月廩 월급으로 주는 곡식)이 비록 큰 읍이라도 1천 석이 못되는데 고을 소교들이 먹는 것은 이와 같으니, 나라에 어찌 법이 있다 하겠는가?"(民族文化推進會 번역, 『國譯 經世遺表』, 1977).

### (2) 전정(田政)·세법(稅法)·작부(作夫)의 문제

위와 같이[78] 농민은 전지(田地:田畓)로써 세(稅)의 부담이 확정되는 것이었지만, 고을의 원전(原田)[79] 중에서 확정된 세의 부담 전답이 실결(實結 또는 原結)이었고, 잡탈(雜頉)로 제약되거나 재감(災減)되는 부분으로서 금년의 전세(田稅)가 면제된 전지(田地)가 면결(免結)이었고, 여기에 연결(羨結)이란 것(隱結과 餘結)이 있어서 본래 고정된 대상의 토지가 없으면서도 아전의 포흠(逋欠)[80]

---

[78] II-244.

[79] 보주 "모든 전지(田地)는 원칙적으로 20년마다 다시 양전(量田)하고, 이에 따라 토지대장인 양안(量案)을 수정하여 해당 전지가 위치한 본읍(本邑)과 본도(本道), 그리고 호조(戶曹)에 각각 1부씩 보관하였다. 이때 등재된 전지를 원전(原田)이라 하고, 그 뒤에 새로 등재되는 전지를 가경전이라 불렀다. 가경전이 계속해서 경작되는 경우에는 정전(正田)의 예에 따라 등급을 정하였다."《조선왕조실록 위키》, '가경전(加耕田)' 참고.

[80] 보주 "조선시대 관청의 재화(財貨)를 사사로이 사용하거나 조세를 납부하지 않는 행위. 조세를 포탈한 주체에 따라 관원에 의한 '관포(官逋)'와 이서에 의한 '이포(吏逋)'가 있었고, 백성들이 조세를 미납하는 '민포(民逋)'도 포흠(逋欠)에 속했다. '민포'는 백성들의 유망으로 조세 징수가 불가능하게 됨에 따라 '이포'와 마찬가지로 재정 결손을 초래한 것을 관의 입장에서 '민포'로 기록한 것이다. '이포'의 목적이 부의 축적을 위한 것이었다면 '민포'는 조세 부담 능력을 상실한 백성들이 조세 부담을 벗어나려는 목적과 함께 조세 저항 현상으로 볼 수 있다. 조선후기 포흠은 이서층을 중심으로 이루어졌다. 향리들의 포흠은 대개 지방의 부세 제도와 관련해서 발생한다. 특히 18세기 말 19세기 초 발생한 포흠은 지방 재정운영의 실무를 담당하는 이서들이 상품화폐경제 발전 구조에 편승하거나 부세 운영의 파행적인 전개 상황을 이용하여 지방 재정에 결손을 초래하였다. 포흠은 조선후기 사회경제 변동의 계기를 이용하여 군현 단위 향촌 사회 주도 세력으로 등장하는 새로운 계층의 중간 수탈 현상으로 볼 수 있다."《조선왕조실록 위키》, '포흠' 참고. 아전(衙

으로 들어가는 부분이 있었다. 위에서 본 바와 같이 확정된 세(稅)의 징수 과정에서도 이미 모순과 문제점이 있어서 농민의 부담이 늘어나고 있었고, 이와 같이 농민의 세(稅) 부담을 확정짓는 데서 전제(田制) 자체의 모순, 수령이 할 수 있는 전정(田政)으로서의 집재(集災)와 표재(表災)의 문제, 제역촌(除役村)과 은결(隱結)·방결(防結)의 문제에서 조선 왕조의 수취(收取) 제도의 모순이 내재해 있었고, 중간에 관료와 아전의 농간질이 개입하여 농민에게 가혹한 수탈을 강요했다. 이러한 문제들을 정리해서 살펴보면 다음과 같다.

### (가) 전정(田政): 전분육등법(田分六等法)

효종 4년(1653)에 이르러 토지를 다시 양전(量田)했다. 준수책(遵守冊)[81]을 반포하였다. 이에 따라 양전(量田)에 있어서 결부(結負)

---

前은 이서(吏胥)로도 불렸다. "이서(吏胥)란 중앙과 지방의 여러 관아에 봉사하는 하급 관리로서, 문서의 취급과 기타 일체의 실무에 종사하였다. 이 직책에 해당하는 사람은 예로부터 어떤 종류의 계급에 한정되었는데, 그들을 이족(吏族) 또는 아전(衙前)이라고 불렀으며, 대부분은 세습적으로 복역하였다. 조선 시대의 이서는 전혀 급료가 지급되지 않았고, 관아에 부속되어 복역하였으므로, 이미 폐해가 백출(百出)하였다." 경성 관아의 아전은 '경아전', 지방 관아의 아전은 '외아전'이었고, '외아전'에서 세습하는 자를 '향리'(鄕吏)로 불렀다. 《우리역사넷》, '이서의 폐해' 참고.

81  전제 상정소 준수조획(田制詳定所遵守條劃)이라고도 하는데, 量田할 때 알아 두어야 할 결부법(結負法)·전품(田品) 및 결부의 사정(査定) 방법, 각종 전형(田形, 밭의 형태)의 면적 계산법과 전품(田品, 밭의 수준)의 등급 차에 따른 결부 환산표를 수록한 책.

법이 적용되었는데, 이것은 기본적으로 토지의 수확량을 기준으로 하는 것이었다 결·부(結·負)는 일정한 생산량을 내는 토지의 넓이를 가리키는데 이것이 또한 토지의 넓이를 나타내는 뜻으로 쓰기도 하였다. 그러므로 토지의 비옥도가 다름에 따라 결(結)과 부(負)의 넓이가 다른 것이다. (또한 結負는 所出의 단위이며 같은 소출에 대하여 같은 조세를 부과하였기 때문에 조세의 단위로도 쓰였다).

10척(尺)이 1속(束)이 되며, 10속이 1부(負)가 되며, (卜으로 따로 표시하기도 함) 100부가 1결(結)이 되며, 8결이 1부(夫)가 된다.[82] 토지 넓이의 계산은 위와 같은 단위로 하지만, 세(稅)의 기본 기준은 토지의 비척도(肥瘠度)를 삼았는데, 이에 따라 토지를 6등급으로 나누었다(田分 六等). 즉 1등전(等田) 1결(結: 100負), 이등전 85부, 3등전 70부, 4등전 55부, 5등전 40부, 6등전 25부이다. 그러므로 1등전 1결과 6등전 1결은 토지의 넓이는 다르나 그 소출(所出)이 같은 것으로 판정이 되며 따라서 그 세(稅)도 같은 것이다.[83]

정약용은 당시는 농지의 모양이 각양각색이었고[84] 토지의 측량 기술도 발달되지 않아서 그가 제시하는 전산법(田算法)이 어

---

[82] II-177.

[83] 보주 "전근대사회에서 토지의 면적을 측정하는 방식으로는 절대면적을 기준으로 하는 경무법(頃畝法)과 수확량을 기준으로 하는 결부법이 있다. 경무법이 주로 중국에서 많이 이용되었다면 한국에서는 결부법을 주로 이용하였다. 1결(結)은 100부(負)"《조선왕조실록 위키》, '결부(結負)' 참고.

[84] II-179~180. '뱀이나 소뿔 모양의 토지, 둥근 가락지 같고 이지러진 달 모양의 토지, 당겨진 활과 찢어진 북 모양의 토지' 등등.

느 토지에도 적용될 수 없음을 시인하였다.⁸⁵ 토지의 면적을 공평하게 계산하는 일도 어려운데, 거기다가 토지의 비옥도를 6등급으로 나누어서 결부(結負)의 증감을 규정한다는 것이 (그리하여 과세의 기준으로 삼는다는 것이) 모두 속임수에 불과하다는 것이었다.

"토지에 비척(肥瘠)이 세월에 따라 달라져서 촌락이 번성하여 거름을 많이 하면 척박한 토지도 비옥하게 되며, 촌락이 쇠잔하여 힘이 진하면 비옥한 토지도 척박하게 되고, 또 옛날에 샘이 많던 것은 송림이 무성해지고 샘이 마르게 되며, 옛날에 물이 적던 것은 도랑을 파서 물이 풍족하게 되는데, 또 어찌 1등, 2등을 고정시켜 놓고 오랜 시대를 걸쳐서 변하지 않게 할 수 있겠는가."⁸⁶

그럼에도 불구하고 수령이 논빼미를 다시 측량하려고 하면 (改量) 아전의 농간질이 개입되게 된다('금신(金神)'에 따라 세액이 늘어나기도 하고 줄어들기도 한다).⁸⁷

---

**85**   II-179.

**86**   II-181.

**87**   보주 금신(金神)은 명리학, 술수학 등 점술서에서 오행(五行) 중 금(金)의 작용을 나타내는 신격. 금신이 관할하는 곳에는 성을 쌓거나 못을 파는 일을 비롯하여 집·누각 같은 것을 신축 또는 수리하는 것을 피했다. 《한국민족문화대백과사전》, '금신' 참고. 아전들이 이런 허무맹랑한 금신을 내세워서 농간을 부리고 수탈했던 것이다.

### (나) 세법(稅法): 년분구등법(年分九等法)

이조 후기 세법(稅法)에 있어서 위에서 살펴본 전분 육등법(田分六等法)과 함께 적용하는 것으로서 년분 9등법(年分 九等法)이 있었다. 이것은 수령이 농작의 상황을 보아 9월 보름 전에 그 해의 농작 상황의 등급을 정해서 상부에 올리면 이에 따라 세(稅)를 매기게 하는 것이었는데, 그 년분(年分)은 매년 작황(作況)에 따라 달라질 수 있는 것이었고, 그 등급은 9개로 나누어졌다. 예컨대, 농작물이 충실한 10분이면 상지상년(上之上年)으로 해서 매결의 20두(斗)를, 9분은 상지중년(上之中年)으로 해서 18두를, 8분은 상지하년(上之下年)으로 해서 16두를, 7분은 중지상년(中之上年)으로 해서 14두를, 6분은 중지 중년(中之中年)으로 해서 12두를, 5분은 중지하년(中之下年)으로 해서 10두를, 4분은 하지상년(下之上年)으로 해서 8두를, 3부는 하지 중년(下之中年)으로 해서 6두를, 2부는 하지하년(下之下年)으로 해서 4두를 각각 거두었고, 1분이면 면세(免稅)하는 것이었다.[88]

그런데 이 전분 6등법(田分 六等法)과 년분 9등법(年分 九等法)은 아전들이 수취하는데 편리한 식으로 또한 착취하기 쉬운 식으로 적용됐던 것 같다. 그 해의 풍년·흉작을 아홉으로 분간한다는 것이 어렵고, 또 토지마다 그것을 판별해야 하는 어려움이 있기 때문에, 연분(年分)은 해마다 달리 해야 하나, 실제로 실시하는 년분법(年分法)에서 하하전(下下田) 몇천 결은 내내 하하년(下下年)이고, 하중전(下中田) 몇천 결은 내내 하중년(下中年)이니, 이것은 연분(年分)이 아니라 토분(土分)으로 된 것이고, 함께 시행해서 어그

---

[88] 『경세유표』 地官條制 田制 七 (번역본 II-161)

러지지 않을 이치가 없는 것이다. 실제로는 연분(年分) 9등의 명목으로 전분(田分) 6등에다 덮어씌우니 균일하지 못했던 것이다. 전등(田等)으로 하면 6등 전지에는 모두 4두를 거두는데, 연분으로 하면 9등 전지라야 단지 4두를 징수하게 된다. 전등(田等)을 주로 하면 연분(年分)이 헛것이 되고, 연분을 주로 하면 전등이 거짓 실시된다. 이리하여 두 가지 중에 요량해서, 무릇 1결의 전지에 혹 4두를 징수해서 전등하는 법에 따르고, 혹은 6두를 징수해서 연분하는 규례를 따라 했다.[89] 그래서 여기서 아전이 착복하는 하하지싱(下下之贍)과 황두지싱(黃頭之贍)이 생겼다.[90]

정약용이 든 나주(羅州)의 사례를 보면, 그곳에 하하전(下下田)이 2만 결이고 하중전(下中田)이 1만 결인데 통틀어 6두씩을 거두니 그 쌀이 18만 두가 된다. 아전이 이와 같이 거두고는 호조(戶曹)에 보고하기는 "하하전에서는 각기 4두를 거두고 하중전에서는 6두를 거두어서 그 쌀이 14만 두뿐이다"고 한다. 그래서 쌀 4만두가 빠져나가는데, 즉 하하전에서 초과징수한 2두씩을 빼돌려서 아전이 착복하니 이것이 하하지싱(下下之贍)이다. 또 이 3만 결의 땅은 논이 2만결이고 밭이 1만결이다. 밭의 전세(田稅)는 법제상 콩으로 받는데, 이 콩을 모두 쌀로 바꾸어(折米) 징수토록 되어 있다. 콩 2석을 쌀 1석으로 환산케 되어 있으나 실제로는 밭

---

**89** 위의 책, II-163

**90** 보주 『목민심서』의 '6부 호전 6조'는 1조 전정, 2조 세법, 3조 환곡, 4조 호적, 5조 평부(부역 공평), 6조 권농(농사 권장)으로 이루어져 있다. 하하지싱은 하하전에서의 초과 징수, 황두지싱은 밭에서의 초과 징수로 아전이 착복하는 것이다.

1결에 쌀 6두를 징수하여 그 초과 징수한 몫을 아전이 착복하니 이것이 황두지싱(黃頭之賸)이다. 이 두 가지가 무려 쌀 2만3천여 두가 된다. 이것은 국가의 세입에도, 그리고 농민의 부담에도 모두 손실을 가져오는 것이다.[91]

### (다) 집재(執災)·표재(俵災)

수령이 관할지 내 전지(田地)의 농사 작황(作況)을 파악하는데서 재결(災結)[92]을 파악하는 것이 집재(執災)이다. 감사는 이것을 근거로 하여 도내(道內)의 작황(作況)을 4등급으로 나누어서 상(上)을 초실(稍實)로 몇 개 읍(邑), 중(中)을 차지(次之)로 몇 개 읍(邑), 하(下)를 우심(尤甚)으로 몇 개 읍, 최하(最下)를 최우심(最尤甚)으로 몇 개 읍이라고 호조(戶曹)에 보고하여(災實分等狀啓) 재결(災結)을 인정받게 된다. 호조(戶曹)가 나누어 준 재결수(災結數)와 수령의 보고를 대조하여 일정한 수량의 재결(災結)을 군현에 나누어 주면 수령은 나누어 받은 재결과 자기가 집재(執災)한 재결을 대조하여 관내의 전지에 재결을 나누어 인정한다. 이와 같이 재결을 나누어 주는 것을 표재(俵災)라고 한다. 그런데 처음에 전지에 나가 작황(作況)을 살피고 재결(災結)을 조사 파악하는 일은 수령에 속하는 아전인 서원(書員)[93]들이 나가서 맡아 한다. 재결을

---

91  II-207~208. 또 자세한 내용은 『경세유표』 II-165~166 참조.

92  자연에 의해 재해(災害)를 입거나 씨를 뿌리지 못한 것은 재결(災結)로 인정하여 부세(賦稅)를 면제하였다.

93  보주 아전(이서)은 녹사(錄事), 서리(書吏), 향리(鄕吏), 서원(書員) 등 네 종류가 있었는데, 녹사와 서리는 경아전, 향리는 외아전이었고, 서원은 경

파악하기 위한 서원(書員)의 현지답사를 간평(看坪)이라고 한다.

이 서원(書員)의 간평(看坪)에서 부터 위재(偽災, 허위 재해)가 발생할 수 있다. 한 사람의 경작지 전부를 재결로 올리는 것을 전재(全災)라 하고 그 일부분을 골라 재결로 올리는 것을 내재(內災)라고 한다. 서원(書員)이 간평하러 나가면 마을의 부유한 자가 곡식이 잘 익은 그의 논을 가리키며 함께 방납(防納: 세(稅)는 내지 않고 아전과 함께 그 세를 포흠하는 것)하자고 하여 돈 8냥(시가에 따라 7냥 혹은 9냥이 되기도 한다)을 주면 서원은 그 부민(富民)의 땅을 전부 전재(全災)로 정한다. 이런 경우를 가능한 한 많이 만든다. 가난한 농민의 논은 모내기는 했으나 이삭은 패지 않았거나, 이삭은 패었어도 열매가 영글지 않아서 그 농민이 자기 논을 재결(災結)해 올려 달라고 사정을 해도 서원은 극히 일부인 10분의 1 정도를 인정해 준다(內災). 이런 방법을 계속 쓴다. 서원이 이렇게 조사한 것을 수령에게 보고하면, 수령은 소원이 간평한 곳은 흉작이 아닌데도 재결이 너무 많다고 하고 재결을 줄여 깎고 또 깎으면 서원은 가난한 농가의 흉작 논을 차례로 재결에서 빼 버리고 부유한 자의 곡식이 잘 익은 노는 털끝만큼도 움직이지 않고 재결에 그대로 둔다. 이것이 곧 위재(偽災)이다.[94]

위재는 서원이 간평하러 가서 당사자 농민과 사전에 의논하여 방납하는 것인데 비하여 허집(虛執)은 서원이 농민과 약속하지 않고 자기 멋대로 재결에 올려놓고 마감을 기다린 뒤에 나중

---

아전과 외아전의 어디에도 소속되지 않았고 지위가 매우 낮았다.

94  II-209~210.

에 그 재결을 찾아 먹는 경우를 말한다.[95] 정약용은 이러한 폐단을 실질적으로 고치기에 곤란한 이유를 토지 장부에 올려 있는 이름이나 어떤 농지에 대응하는 그 해의 농사짓는 사람의 이름이 모두 종의 이름으로 기재되어 있거나 또는 허명(虛名)이거나 경작지에 따라 왔다 갔다 혼란스러워서 확인하기가 어려운 데 있다고 지적하고 있다.[96]

### (라) 작부(作夫)[97]

세(稅)를 징수하는 방법으로서 8결 작부(八結 作夫) 호수(戶首) 제도는 1744년에 반포된 『속대전』(續大典)에서 법제화되었다. 100부(負)가 1결(結)이고 8결이 1 부(夫)인데, 이 1부(夫)를 구성하는 여러 작은 농지에서 경작하는 농민(佃夫 : 대개의 경우 소작이다)들을 모아 그 중에서 한 사람을 호수(戶首)로 삼아 그 부(夫) 내의 전부(佃夫)들로부터 부세를 받아 관에 바치는 책임을 지웠다. 지방 토호 중에서는 혼자서 수십 개의 부(夫)의 호수(戶首)를 겸하는 자도 있었고, 앞서 국납(國納)·선급(船給) 및 읍징(邑徵)의 세 징수에서, 특히 쇄렴(碎斂)에서, 호수(戶首)가 차지하는 이득이 큰 것을 보았다.

관에서는 이 작부 장부(作夫帳簿)와 함께 징미 장부(徵米帳簿:

---

**95** II-210.

**96** II-210~211.

**97** 작부의 성격과 구성과정에 대한 설명은 다음을 참고. 李榮薰, '朝鮮後期 八結作夫制에 대한 연구', 한국사연구회, 『韓國史研究』 29호, 1980, pp.75~137.

米都錄이라고 한다)를 작성하여 세를 징수케 했다. 그런데 당시 이 작부 장부를 구성할 때, 전지(田地)를 기준으로 하지 않고 전부(佃夫)를 기준으로 작성하는 것이 관례로 되어 있었던 것 같고, 따라서 이록(移錄: 경작자의 이동을 移來·移去로 작부 장부에 기록하는 것)하였다. 이래(移來)는 전지(田地)가 저곳에 있는데 이곳의 작부(作夫)에 옮겨 기재하는 것이고, 이거(移去)는 전지는 이곳에 있는데 저곳의 작부(作夫) 장부에 옮겨 기재하는 것이다. 따라서 증세를 토지가 있는 곳에서 하지 않고 사람을 따라가서 하게 되니 "아전은 농간함에 혹은 집 가까운 곳에서 쌀을 징수하여 집으로 운반하고, 혹은 바다가 가까운 곳에서 쌀을 징수하여 판매를 수행하는데, 이것이 이래(移來) 이거(移去)가 일어나는 까닭이다."[98]

이래이거에는 이중으로 징수하는 아징(丫徵: 갈오무리)이라는 것이 있다 예컨대 갑(甲)이라는 사람이 자기의 전지(田地)를 을(乙)이라고 하는 사람에게 팔았는데, 따라서 그 전결(田結)이 을(乙)에게 옮겨 갔는데도 그것이 그대로 갑(甲)에게도 남아서, 그럭저럭 하는 사이에 사실이 밝혀지지 않아서, 곧 변경할 수 없는 기록으로 남아서, 판 사람과 산 사람이 한 전지(田地)로서 중복 납세하게 하는 것이다. 또 갑면(甲面)의 전지(田地)는 그 전부(佃夫)를 쫓아서 을면(乙面)으로 이록하고, 병리(丙里)의 전지는 그 전주(田地)를 따라서 정리(丁里)에 이록하였는데, 이록이 밝혀지지 않아 드디어 이중 징수 되는 경우도 있었다.[99]

---

[98] II-225.

[99] II-225~226.

### (마) 양호(養戶)·방결(防結)·방납(防納)

재결(災結)이 되면 면세되는 것과 같이 제역(除役)이 되는 곳이 있었는데(除役村) 그것은 국제(國除)와 읍제(邑除)로 나누어졌다. 이것은 나중에 다시 다루기로 한다.

방결(防結)이라는 것은 아전들이 복호(復戶), 은결(隱結), 위재(僞災), 싱미(賸米: 下下條와 황두條) 등을 전지(田地) 몇 결로 환산하여 농민들이 세(稅)를 내지 않게 하는 것(防納)이다. 그리하여 아전이 그 농민들로부터 전지 1결마다 돈 12~13 냥(평년작의 경우)을 징수하고 혹은 쌀 45두(적은 경우 30도까지 내려간다)를 징수하여 한 푼 한 톨도 관(官)에는 내지 않고 그 아전이 통채로 삼켜 버리며, 또 방납(防納)하는 농민들이 일체의 전역(田役: 田結에 부과되는 모든 賦稅)으로부터 침해받지 않게 하니 이것을 방납(防納)이라 한다. 이와 같이 민결(民結, 즉 實結)을 겁탈하여 방납케 하는 방법에는 중요한 것이 두 가지 있다.

첫째가 양호(養戶)이다. 아전이 작부(作夫)할 때에 민결(民結)을 그저 취하여 제역촌(除役村)으로 옮겨 기재해서 그 민결의 농민들이 쌀을 바치기를 방납(防納)과 같이 하는데, 아전 자신이 국납(國納) 중에서 전세(田稅)와 대동세(大同稅)를 납부하고 나머지를 자기가 먹는다. 이 경우 그 아전이 양호(養戶)가 되는 것이다(방납은 아전만이 한다). 예컨대 민결 1결에서 쌀 45두를 거두면 20두는 양세(兩稅)를 납부하고 나머지 25두는 자신이 먹는 것이다(양세를 내면서도 쇄렴(碎斂)에서는 또 빠지는 것을 앞서 보았다.).[100]

둘째는 속무망(束無亡)이다. 빚을 지고 파산한 아전이 이사

---

[100] II-227~228.

(理事)와 공모하여 민결(民結)을 강제로 빼앗고 거짓으로 호명(戶名)을 만들어 제역촌(除役村)으로 이록(移錄)하고, 제역촌의 사람들로 하여금 "이 마을의 아무개 호(戶)는 금년에 전 가족이 몰사하여 그 호(戶)의 세미(稅米)는 징수할 데가 없습니다"고 보고하게 한다. 그러면 수령이 측은히 여겨 납부를 각박하게 못하니, 그 틈을 타서 그 아전은 징수한 세미 35두를 자기가 통째로 차지하고는, 국납(國納)의 전세(田)와 대동미(大同米)를 모두 시일을 끌고 납부하지 않고 결국 포흠하게 됐던 것이다(탁호(託戶) 또는 추결(抽結)이라고도 한다).[101] 따라서 제역촌의 결수(結手)가 증가한 데에는 아전들의 중간 착취가 확대되는 위험이 컸던 것이다.

### (바) 허액(虛額)

작부 장부에 허액(虛額)을 민결(民結)에 나누어 징수하는 것이 세 가지 이름이 있는데, 걸복(乞卜: 100負가 1결(結)이 되는데 卜은 負를 의미한다), 조복(助卜), 첨복(添卜)이다. 각 마을의 작부 장부의 끄트머리에 10부(負)나 20부(負)를 더하여 그 마을의 전부(佃夫: 납세할 경작자)로 하여금 세(稅)를 낼 때 평균에서 조금씩 더 바치게 해서 그것으로써 서원(書員)의 현지 잡비로 충당케 하는데 이것을 걸복(경기 지방) 또는 조복(남쪽 지방)이라고 하였다. 이 허액 중에서 은결(隱結)이 발생할 수 있는 것이 첨복(添卜)인데, 이것은 작부하면서 어떤 전부(佃夫: 납세할 경작자)가 감당하는 세액이 작년보다 조금씩 첨가되어 나오는 것을 말한다.

---

[101] II-229.

이렇게 첨복되는 단서는 대게 다음과 같다.[102] 첫째는 그 마을 안에 원래 토호가 전감(田監)과 결탁하여 그의 세(稅) 2부(負)를 다른 사람에게 이록(移錄)하는 경우이며, 둘째는 이(李)모의 전지에 세액이 본래 12부인데 이 중에서 5부를 떼어 다른 사람에게 팔았는데 새로 산 사람이 전리(田吏: 書員)와 결탁하여 5부 중에 2부를 도로 이(李)모에게 기재하는 것이다. 셋째는 전리(田吏)가 농간하고자 어리석고 무력한 농민에게 까닭 없이 일부 2부를 첨가하는 것이며, 넷째는 이(李)모의 친척이 원래 이 마을에 살다가 지금 그 가족 전부가 사망하거나 혹은 먼 곳으로 유리(流離)하여 그 집터와 채전(菜田)이 세액이 비게 될 것이므로 전감(田監)과 호수(戶首)가 아전과 서로 모의하여 이(李)모에게 이록(移錄)하는 것이다.

이렇게 한 첨복은 대체로 아전이 차지하는데, 이에 대해 그 농민이 수령에게 호소하더라도 쉽게 개정되지 않고, 오히려 농민이 관가에 출입하느라고 며칠간의 품을 허비해 버렸고, 또한 왕래하는 사이에 술값 밥값 담뱃값 신발값 등으로 나간 비용을 설혹 성공하더라도 메우지 못하므로 애초에 농민들이 호소조차 하지 않고 추가 납부하게 된다 이렇게 해서 은결(隱結)이 또한 늘어나게 됐던 것이다

### (사) 여결(餘結)과 은결(隱結)

은결(隱結)과 여결(餘結)은 본래 고정된 대상의 토지가 없었고, 다만 결총(結總) 가운데서 왕세(王稅)에 충당하고도 남아도는 여결

---

[102] II-235~236.

(餘結)을 은결(隱結)이라고 하였다. 그러나 수세(收稅) 과정에서 은결로 치부된 부분은 절대로 가감되지 않게 확보하기 때문에 정약용은 이 은결을 철결(鐵結)이라고 불렀다.[103]

"비변사(備邊司)에서 재결(災結)을 정하여 풀어 주고 감사가 표재(俵災)하고 아전들이 재결을 도둑질하는 과정에서 그 철결(鐵結)은 축나고 깎아져서 형체가 없어진 연후에 나머지 보잘 것 없는 논밭뙈기를 왕세(王稅)로 돌리니 …… 부세를 거두는 날이 되면 부잣집 기름진 땅의 금옥 같은 쌀로서 아침에 영을 내려 저녁에 이미 갖다 바칠 수 있는 것은 모두 아전의 수중에 들어가니 일체의 국납(國納) 선급(船給) 읍징(邑徵)과 결렴(結斂) 석렴(石斂) 쇄렴(碎斂)은 쌀로 바치는 것이건 벼로 바치는 것이건 돈으로 바치는 것이건 털끝만큼도 다시 침해받지 않는다. 남은 보잘 것 없는 논밭 뙈기와 떠돌아다니는 거지와 살을 깍아도 피도 안 날 것이 왕세에 귀속되어 국납 선급 읍징과 결렴 석렴 쇄렴은 쌀로 바치는 것이건 벼로 바치는 것이건 돈으로 바치는 것이건 털끝만큼도 빠져나오지 못한다. 이에 1천결의 보잘 것 없는 간신히 살아남은 땅이 감추어진 수천결의 부담까지 아울러 짊어지니 백성의 부담이 치우쳐 고통스러워 날로 쇠잔해진다."[104]

---

**103** Ⅱ-254.

**104** Ⅱ-255.

결총(結總)은 원결(原結: 본 읍 원래의 총 결 수인데, 대체로 양안(量案)에 실려 있는 것), 면결(免結)과 연결(連結: 은결과 여결을 모두 합친 것)으로 이루어진다. 면결(免結)에는 대개장(大槪狀)[105]에 열거되어 있는 잡탈면세전(雜頉免稅田)으로서 의당 면제되는 것과, 구진전(舊陳田: 계속 묵힌 땅), 금진전(今陳田: 금년에 묵힌 땅), 성천복사(成川覆沙: 개천으로 되어 버린 농토와 모래가 덮어 버린 농토), 미이앙(未移秧: 이앙을 하지 않은 농토), 재감전(災減田: 지금 농사를 짓고 있는 농지(時起田) 중에서 체감되어 면세된 농토) 등 금년의 전세(田稅)가 면세된 전지가 포함된다. 앞서 금년의 면세되는 경우에 일어나는 여러 농간과 착취는 여러 사례로 언급되었다.

그런데 의당 면세되는 전지로서는 궁방전(宮房田)·둔전(屯田)·역전(驛田)·아록전(衙祿田)·이복전(吏復田)·학전(學田)·원전(院田)·관공서의 대지·사찰의 대지·진부전(津夫田)·참부전(站夫田) 등이 있다.[106] 이러한 토지가 포함되어 있는 촌을 제역촌(除役村)이라고 한다. 제역촌(除役村)에는 읍내(邑內: 관공서가 있는 곳)·계방촌(契房村)·점촌(店村)·학궁촌(學宮村)·서원촌(書院村)·역촌(驛村)·원촌(院村)·사촌(寺村: 절 입구에 있는 촌)·창촌(倉村)·궁전촌(宮田村)·둔전촌(屯田村)·포촌(浦村)·도촌(島村: 진보(鎭堡)에 소속됨)·영촌(嶺村)·병영(兵營)·수영(水營) 사방의 동네가 포함된

---

**105** 보주 "조선후기 지방수령이 관할지역의 재해상황에 관해 작성한 보고서. 언제부터 일반화되었는지는 정확히 알 수 없으나, 조선 후기에 계속되는 흉년으로 진휼정책(賑恤政策)이 자주 실시됨으로써 나타난 것으로 보인다." 《한국민족문화대백과사전》, '대개장' 참고.

**106** II-253~254.

다.[107] 그런데 제역(除役)에는 궁방전·둔전·학전·역전과 같이 국가가 이미 제역시켜 주는 국제(國除)와, 계방촌·점촌과 같이 수령의 수준에서 제역시켜 주는 읍제(邑除)가 있다. 물론 은결(隱結)은 어떤 제역촌으로든지 실결(實結)을 이록(移錄) 시키는 데서 발생한다.

정약용은 제역촌이 이와 같이 많았기 때문에 작부할 때 수령이 그 이록하는 바를 남김없이 살필 수 없다고 하였다.[108] 단지 아전들의 농간질만이 문제가 아니었다. 조선 후기에 궁방전(宮房田)이나 둔전(屯田)이 증대되어 국가 재정에 타격을 줬을 뿐만 아니라(이 점은 별도로 논의되어야 한다), 전반적으로 조선 왕조 수취(收取)제도의 모순에서 문제가 비롯됐다.

이 모순의 극단적인 예는 제역(除役)의 읍제(邑除)에 속하는 계방촌(契房村)이다. 정약용이 개방촌에 대하여 지적한 바를 인용하면 다음과 같다.

① 『목민심서』 '율기 6조(律己 六條)'의 '청심(靑心)'에서
"무릇 민간의 물건을 사들일 때 그 관식(官式: 관에서 정한 값)이 너무 헐한 것은 마땅히 시가(時價) 대로 사들여야 한다"고 하였다.[109] 그 설명은 다음과 같다.

"관에서 정한 가격은 대개 헐하고 박한 것을 따르게 마련이

---

107  II-227~228.

108  II-228.

109  I-126.

고, 혹 그 중에 후한 가격을 따른 것이 있어도 관해서는 쓰지 않으니 아전들이 감당해 낼 수 있겠는가! 물건 값의 높고 낮음은 시간에 따라 변하는데 관식(官式)은 한번 정하여 백년이 되도록 고치지 않으니, 그 시세에 알맞게 맞추지 못하는 것은 당연하다. 값이 박하면 아전들이 괴롭고, 아전이 괴로우면 백성이 침해되어 마침내 아래 백성들에게 해(害)가 돌아가니 아전이야 무슨 상관이리요. 대개 아전의 됨됨이는 즐거우면 나아가고 괴로우면 물러서는 것인데, 그 물러서지 않는 것을 보면 거기에 좋아할 것이 있다는 것을 알 수 있다. 백성이란 것은 즐거워도 머물러 있고 괴로워도 떠나지 못하여 몸이 토지에 박히어 마치 밧줄로 묶이어 매를 맞는 것과 같으니 비록 그 곳을 떠나지 않더라도 고통이 없다고 말할 수 없는 것이다. 수십년 이래로 소위 계방(契房)이라 하여 부역을 면제받는 마을이 날로 증가하여 부역(賦役)의 공평치 못한 괴로움 때문에 백성이 삶을 누리지 못한다. 수령이 이 폐단을 없애려 하면, 아전들은 "나는 도망하겠습니다"고 말한다. 내가 그 이유를 살펴보니, 하나는 열읍(列邑)에서 감사에게 아첨하여 섬기는 것이 가면 갈수록 더욱 심해지는데 있으며, 다른 하나는 관식(官式)의 억지로 정한 물건 값이 공평하지 못한데 있다. 아전들이 해를 입으면 사세(事勢)가 반드시 물러난다고 말할 것이고, 수령이 그들을 만류하려면 반드시 그 욕심을 충족시켜 주어야 하는데, 위에서 그 자기 이익을 참아 떼어 놓을 수 없고, 아래로는 세음을 더 부과할 수 없으니, 한 촌을 아전에게 떼어주어 계방을 삼게 하니, 천하에 교사스럽고 비루하고 인색한 것이 이보다 심한 것이 없다. 그러므로 새로 부임하는 수령은 계방을 타파하려고 하지 않는 이가 없으나, 일단 그 묘리를 알게 되면 또한 한 마디 말없이 속으로 그만두지 않는 자가 없으니, 그 근본이 자기로 말미암은 것을 알았기 때문이다."[110]

② '율기 6조'의 '절용(節用)'에서
"무릇 아전과 노(奴)가 바치는 바로서 회계가 없는 것은 마땅히 더욱 절용해야 한다"고 하였다.[111] 관청에서 쓰는 모든 물건, 예컨대 채소·오이·호박·참외·수박·방촉(肪燭)·쇠고기 등이 회계하지 않은 것이 많다(즉 무하기(無下記)이다).

"이미 회계가 없는 것은 반드시 민폐에 속하게 된다. 혹은 방(坊)과 이(里)를 쪼개어 취하여 계방(契房)을 삼거나 혹은 창곡(倉穀)을 변롱(翻弄)하여 그 나머지로 이익을 배나 두터이 하면 이에 수령이 그 이익을 나누어 먹기 때문에 회계가 없는 것이다. 혹 그 이익이 전에는 두터웠으나 지금은 박한 경우에는 1년 동안 쇠고기를 바침에 창곡의 포흠(逋欠: 횡령으로 인한 결손액)이 산더미같이 쌓여 포노(庖奴: 쇠고기를 바치는 官奴로서 으례 倉奴가 된다)가 도망가 버리면 그 친척과 백성에게 징수하니 해독이 번지는 바가 미치지 않을 곳이 없다. 도둑질을 행한 자는 포노(庖奴)이고 작물을 먹은 자는 수령이다. 작물을 내가 먹고도 포노에게 도적의 죄를 더욱 덮어씌우니

---

110    I-127~128

111    II-186.

어찌 이치에 맞겠는가?"[112]

### ③ '이전 6조(吏典 六條)'의 '어중(御衆)'에서

"평안도·황해도에는 보솔군(保率軍: 이름하여 奉足이라 한다)이 있어 해마다 200푼을 징수하니 군첨(軍簽: 簽丁이다)과 다름이 없고, 남쪽지방에는 계방촌(契房村)이 있어 해마다 1만 전을 징수하고 공적인 부세(賦稅)를 면제하니 백성이 초췌하고 역(役)의 편중에 고통받고 있음이 모두 이 따위들 때문이다. 수령이 이를 혁파하려고 하면 아전은 문득 말하기를 "신영(新迎) 때의 복장이 이에서 지출되고 감사(監司)[113]의 순찰에 소모되는 지공(支供)이 이에서 지출됩니다. 만일 이 관례를 폐지하면 공작의 꼬리를 머리에 꽂을 수가 없고 건작(乾鵲: 까치)의 옷을 등에 걸칠 수가 없으며, 상영(上營)의 군뢰(軍牢)에게 닭을 대접할 수가 없고, 마중 나가는 취수(吹手)[114]를 말 태울 수가 없습니다"라고 하면 수령(守令)[115]은 이를

---

[112]    II-189~190.

[113]    보주 관찰사(觀察使)의 다른 이름으로 조선 때 지방을 관장하던 종2품의 지방 관리다. 관찰사의 집무장소가 감영으로 전국에 8곳이 설치되어 있었다.

[114]    보주 상영은 관찰사의 감영을 뜻하며, 군뢰는 군대에서 죄인을 다루던 병졸이고, 취수는 군영에 소속되어 고관의 행차 때 행렬의 앞에서 악기를 연주하던 군인이다.

[115]    보주 조선은 전국을 8도로 나누고, 그 아래에 군과 현을 두었다. 8도의 수장은 관찰사(감사)이고, 군현의 수장은 군수와 현령인데 합쳐서 수령으로 불렀다. 원님은 수령을 뜻했다.

믿고 느긋이 누워 이들 그릇된 관례가 모두 30년 이래의 새로 생긴 것임을 알지 못한다. 그렇다면 30년 이전에는 신임 수령이 부임할 수 없었으며 감사가 순찰할 수 없었겠는가? … 계방은 폐해가 많으니 혁파하지 않으면 안 된다."[116]

④ 계방(契房)에 대해

계방에는 두 가지 종류가 있는데,[117] 첫째는 이계(里契)이고, 둘째는 호계(戶契)이다. 이계(里契)는 온 마을을 계방으로 삼아 해마다 돈 수백 냥을 거두는 것이며 호계(戶契)는 특정한 호(戶)를 뽑아서 계방으로 삼아 해마다 돈 100여 냥을 거둔다(羅州·長城에는 戶契가 많았다고 한다). 향청(鄕廳)·이청(吏廳)·군관청(軍官廳: 지방 관아의 軍官의 職所)·장관청(長官廳: 지방 관아의 千摠·把摠의 職所)·관노청(官奴廳: 지방 관아의 관노의 직소)·조예청(皁隷廳: 使令)·통인청(通引廳: 待童) 등은 계방촌을 갖지 않은 것이 없었는데, 유독 이청(吏廳)이 더 많이 가져서 큰 마을 10여 곳을 뽑아 계방촌을 삼았고, 나머지는 두·세 마을씩을 계방촌으로 가졌다. 계방촌은 환자의 배령도 받지 않고 군첨(軍簽)의 침해도 받지 않고 민고(民庫)에 바치는 일체의 요역(徭役)을 면제받았다.

---

**116** II-103. 또한 III-123에 계방의 평계가 자세히 제시되어 있다. 각 계방촌 별로 감사(監司)의 순력(巡歷)에 있어서 營吏의 지공, 수행원의 人情과 잡비, 驛吏·驛卒의 접대, 鋪陳(돗자리)·紗燭籠(사초롱, 비단으로 가린 등)·房帳(방장, 외기를 막기 위해 치는 휘장)·虎子(변기) 등의 添價, 그리고 營吏廳의 歲饌禮物, 환자 마감날의 營吏관례비용, 兵營의 吏校廳 관례비용, 水營 吏校廳 관례비용을 낸다고 한다는 것 등이다.

**117** III-122.

계방(契房)이 되려면 반드시 마을의 재력이 풍부해야 했고, 그 마을의 호민(豪民)의 힘이 있어야 가능했다. 계호(契戶)의 경우에도 유력한 자로서 농토는 10결(結)이 넘고 100가(家)를 거느리는 정도라야 한 호(戶)로서 계방이 될 수 있었다. 그러므로 대체로 부촌(富村) 부민(富民)이 계방이 되므로 그들이 내야 할 요부(徭賦)는 아전이 먹고, "영락하고 고단한 백성들만 공부(公賦)를 내고 관요(官徭)를 바치게 되어, 1만 호(戶)의 부담이 1천호에 돌아가고, 1천 호의 부담이 1백호에 돌아가서, 옛날에는 한 호(戶)의 부담이 매해 1백전(錢)에 불과했는데, 지금은 수천 전으로도 부족하다"[118]는 것이다.

이와 같이 수령이 아전들에게 계방촌의 설치를 현실적으로 용납하지 않을 수 없었던 것은, 또 그것이 조선 후기에 와서 그렇게 강화된 것은, 국가적 수취제도의 모순이 더욱 심화된 데서 연유한 것이다. 우선 감사(監司) 제도가 강화되고, 이 감사 제도는 지방재정에 의존할 수밖에 없는 형편이었다. 감사의 직접적인 봉건적 수탈[119]과 감사 제도의 재정적 문제가 하부의 군·현(郡·懸)의 봉건적 수탈을 심화시켜 주는 요인으로 작용한 것 같다.[120] 둘

---

[118]  III-122~123.

[119]  이 예는 『목민심서』에 몇 가지 지적되어 있고 환곡(還穀)의 사용(私用)에도 나와 있다.

[120]  III-124~125. "대저 감사가 순찰하는 법은 전혀 무의미한 것이다. … 말을 점고한다는 명목을 내세워 여러 역의 말을 모두 징발해서 안장한 말이나 안장하지 않은 말이 앞서거니 뒤서거니 갈기와 꼬리를 잇대어 수백 리에 뻗친다. 대략 한 역참(驛站)을 지날 적에 말이 수백 필이요, 상중하 세 등급의 주객(主客)과 한잡인(閑雜人)들이 1천여 인이나 된다. 매양 군현에 들어

째로 고려될 수 있는 요인은 수령체제의 봉건적 성격이 모순을 악화한 것에서 찾을 수 있을 것이다. 앞에서 인용한 내용이 바로 이 점을 확인해 주는 것이다. 수령체제의 존속이 재정의 일부분을 위와 같은 봉건적 수탈에 근거하고 있었고, 또 수령체제를 구성해 주고 있는 아전들의 존속이 곧 수령의 봉건적 수탈에 의존하고 있었던 것이다. 즉 아전도 법제적으로 합리적인 봉급을 수취하고 있었던 것이 아니었다. 계방촌(契房村)은 남부 지방에서 18세기 후반에 와서 은결(隱結)을 수령의 수준에서 비공식적으로 관례화시켜 현지화한 것으로 볼 수 있을 것이다.

가면 감사는 큰 향응을 받고 드디어 나른해져서 드러눕고 만다. 그러면 영리(營吏)들이 밖에서 백성들의 소장(訴狀)을 받아 판결문을 마음대로 쓰되, 묘지(墓地)의 송사에는 '사실을 조사해서 판결해 주라', 백성들이 폐막을 호소한데 대해서는 '사실을 조사해서 조처하라'고 하여 모두 그 수령에게 일임해 버린다. 밤에는 기생을 끼고 자며 해가 한낮이 되어서야 일어나는 것이다. 행차할 때에는 꼭 횃불을 밝히고 행인들의 등짝을 두들기고 꽁무니를 차서 울부짖고 넘어지게 한다. 산시(山寺)에서 꽃놀이도 즐기고 강정(江亭)에서 달 아래 배를 띠우며 수령들을 불러서 행작을 일삼는다. 그리고 일체의 전조(田租)와 부역과 옥송(獄訟)과 군무(軍務)와 간활한 향임(鄕任)과 이속들, 지방의 패악한 부류들에 대해서는 전혀 아랑곳하지도 않는다. 감사의 행차가 지나가는 곳에는 오직 먼지가 치솟고 꽹과리와 피리 소리가 야단스럽게 울리는 것을 볼 뿐이다. … 아전의 수를 줄이지 못하는 것도 감사의 순력 때문이요, 계방을 혁파하지 못하는 것도 감사의 순력 때문이요, 전부(田賦)가 날로 증가하는 것도 감사의 순력 때문이요, 연호잡역(煙戶雜役)이 달로 늘어나는 것도 감사의 순력 때문이요, 점촌(店村)이 피폐해지는 것도 감사의 순력 때문이요, 사찰이 황폐해 가는 것도 감사의 순력 때문이다. …"

### (아) 궁방전(宮房田)과 둔전(屯田)[121]

궁방전과 둔전을 경작하는 농민을 수탈하는 길은 크게 세 가지로 나누어 볼 수 있다. 첫째는 여러 궁방 면세전(宮房免稅田)과 경사(京司)의 둔전(屯田)에서 그 도장(導掌)으로 내려온 사람이 가혹하게 수탈한 경우이다. 물론 수취 기준이 있었지만, 그 도장(導掌)의 자리를 사서 그 세를 거두어 먹기도 했다.[122] 둘째는 수령과 아전이 여러 궁방(宮房)의 무토 면세전(無土免稅田)에서 수탈한 경우이다. 궁방전에서 민결(民結)이 면세된 경우에 민전 100결마다 세전(稅錢) 700냥을 거두어 호조(戶曹)에 바치면 그것을 호조에서 해당 궁방(宮房)에 지급한다. 이것은 1결마다 본래 돈 7냥을 거두는 것이다. 큰 흉년에 양호(養戶)와 방결(防結)을 1결마다 백미 40두를 거두는데 쌀 1두마다 값이 돈 1냥이므로 모두 40냥이다. 무토면세전이 100결이면 여기서도 양호·방결과 같이 거두어서 돈이 4천냥이 된다. 그러면 수령과 아전은 이 4천냥 중 700냥을 제하여 호조에 바치고 나머지 3천3백냥은 착복했다.[123] 셋째는 그 고을의 무토 궁방전이 지목되어 있으면, 여기를 아전이 방납(防納)의 소굴로 삼은 것이다. 말하자면 은결(隱結)의 핑계 근거로 삼았다.[124]

---

**121** 보주 궁방전은 왕실의 일부인 궁실과 왕실에서 분가한 궁가에 지급하던 토지였고, 둔전은 군사 요지에 주둔한 군대의 군량을 마련하기 위해 지정된 토지였다. 궁방전과 둔전이 늘어나면, 국가의 세수가 줄어들게 되고, 주변의 백성들이 수탈되기 쉽게 된다.

**122** Ⅱ-262.

**123** Ⅱ-263.

**124** Ⅱ-264.

## 3. 환자(還上)

정약용은 조선 왕조의 내부적 붕괴 요인 중에서 가장 큰 것으로서 환자(還上)의 폐단을 지적했다.

"환자(還上)는 사창(社倉)이 일변한 것이며, … 백성의 뼈를 깎는 병폐가 되었으며, 백성이 죽고 나라가 망함은 바로 눈앞에 닥친 일이다."[125]

"맨 처음 이 법을 만든 뜻은 반은 백성의 양식을 위함이요, 반은 나라의 경비를 위한 것이니, 어찌 반드시 백성에게 모질고 사납게 하기 위하여 만든 것이겠는가? 지금은 폐단 위에 폐단이 생기고 문란에 문란을 더하여 구름이 변하듯 안개가 사라지듯 모래가 흘러내리고 물결이 출렁이듯 하여 천하에 따져서 밝혀낼 수 없는 것이 되어 버렸다. 나라에서 쓰는 경비의 보탬은 열 가운데 하나요, 여러 아문(衙門)에서 관장하여 자기들의 몫으로 삼는 것이 열 가운데 둘이요, 군현의 아전들이 농간질하고 판매를 해서 스스로 장삿속으로 이득을 취하게 되는 것이 열 가운데 일곱이다. 쌀 한 톨도 백성은 일찍이 가루조차 보지 못했는데도 거저 가져다 바치는 쌀이랑 조가 해마다 천이나 만이나 되니, 이것은 부렴(賦斂)이지 어찌 진대(賑貸)라 하겠으며, 이것은 늑탈(勒奪)[126]이지

---

**125** III-8.
**126** 보주 부렴은 세금으로 걷는 것, 진대는 어려울 때 백성들에게 곡식을

어찌 부렴이라 할 수 있겠는가?"[127]

정약용은 환자가 농민에게 늑탈이 되는 병폐의 원인을 여덟 가지로 들었다. (1)환곡의 명목, (2)관장하는 아문(衙門), (3)석수(石數), (4)모법(耗法), (5)순법(巡法: 환곡을 농민에게 분급 할 때에 한번에 나누어 주지 않고 여러 차례 나누어 주는 것을 巡分이라 한다), (6)분류(分留: 환곡의 分給과 留庫로 중앙 아문의 곡식은 半留半分이 원칙이었다)[128], (7)이무(移貿), (8)정퇴(停退) 등이 어지러운 상태였다는 것이다.[129] 이 여덟 가지 원인에 따른 병폐는 감사·수령·아전의 농간질에 따라 천태만상으로 나타났는데 이 삼자(三者)에 따라서 살펴보면 다음과 같다.

### (1) 감사의 농간질

감사가 환곡을 갖고 농간질하는 가장 중요하고도 주로 하는 형태가 무천(貿賤)[130]하는 것, 즉 이무(移貿)이다. 감사가 여러 고을에

---

빌려주는 것, 늑탈은 무력으로 빼앗는 것이다. "원래 '賑'은 흉황일 때 기민에게 식량을 지급하는 것을 말하고, '貸'는 농민에게 춘궁기에 곡식을 대여했다가 추수기에 회수하는 것을 말한다."《우리역사넷》, '진대'를 참고.

**127**   III-10.

**128**   보주 "환곡(還穀)은 본디 분급곡(分給穀)과 유고곡(留庫穀)으로 나뉘어졌다. 분급곡이 진대에 사용하기 위하여 민간에 분급되는 것이라면, 유고곡은 창고에 남겨 수재나 한재 및 전쟁 등 비상사태에 대비하기 위한 비축분이었다."《조선왕조실록 위키》, '가분모(加分耗)' 참고.

**129**   III-11~12.

**130**   貿賤賣貴(무천매귀), 즉 싸게 사서 비싸게 파는 것을 뜻한다.

달마다 물가를 보고하도록 하여 곡가의 높고 낮음을 상세히 알아서 장사치 노릇을 한다. 예컨대 벼 1석(15두)이 갑 현에서는 싯가가 7전이고 을 현에서는 싯가가 1냥4전이면 을 현의 벼 2천석을 가져다가 팔아 돈 2천8백냥을 만들어 그 반인 1천4백냥은 자기가 훔쳐 먹고 그 반은 갑 현에서 곡식을 사들여 다시 벼 2천석을 만든다. 이것이 곧 이무이다(立本[131] 또는 步粟이라고도 한다). 이 과정에서 감사는 쌀을 방출하는 고을에서는 비싼 값으로 돈을 거두고 쌀을 수매하는 고을에서는 싼 값으로 돈을 풀기 때문에 농민의 피해는 더 컸다.[132]

### (2) 수령의 농간질

수령이 환곡을 갖고 농간질하는 것은 법을 어긴 것만으로도 여섯 가지였다. 번질(反作), 가분(加分), 허류(虛留), 입본(立本), 증고(增估), 가집(加執) 등이 그것이었다.

#### ① 번질

겨울이 되어 연말을 기한으로 하여 환곡을 거두는데, 아직 거두지 않은 것을 다 거둔 것으로 거짓 문서를 작성해서 감사에게 보고한다. 새봄이 되어 환곡을 나누어 주지도 않았는데, 다시 나누어서 준 것으로 거짓 문서를 작성하여 감사하게 보고한다. 이것

---

131   III-13. 입본(立本)은 장부상에 올라 있는 원래의 전곡(錢穀)의 액수를 채워 놓은 것인데, 감사가 이무하여 차액을 착복하더라도 도내에 있는 전곡의 액수는 줄어들지 않기 때문에 입본이 되는 셈이다.

132   III-13.

을 번질(또는 臥還)이라고 하는데, 황해도·평안도의 관례에는 환미 1石에 돈 1냥을 토색(討索, 늑탈과 같은 뜻)하며(이것을 臥還債라 한다), 이것을 수령 아전 또는 감사가 나누어 먹는다.[133]

### ② 가분(加分)

환곡에서 들어오는 모곡(耗穀, 이자 곡식)을 착복하기 위하여 창고에 남겨 두어야 하는 곡식(보통 折半 留庫이다)을 모두 분급(즉 盡分)하는 것이다.[134]

### ③ 허류(虛留)

전관(前官)이 아전의 포탈을 덮어 둔 채 인계해 준 것이 모두 허록(虛錄)이다.[135] 후임 수령이 덮어 둠으로써 뇌물이 들어오게 하는 것이다.

### ④ 입본(立本)

수령이 환곡을 판매하는 경우이다. 예컨대 가을이 되어 돈을 거

---

[133] III-14. 三南 地方에는 이 관례가 없다.

[134] III-15. 『속대전』의 호전 창고조(戶典 倉庫條)에 절반 유고(折半留庫) 중에서 반을 나누어 주는 자는 도형(徒刑) 3년에 처하고 가분한 양이 적은 자는 고신(告身)을 뺏는다(즉 해직)고 규정했다.
보주 조선 시대의 형벌은 태형(笞刑), 장형(杖刑), 도형(徒刑), 유형(流刑), 사형(死刑) 등 다섯 가지였고, 도형은 죄인에게 중노동을 시키는 형벌이었다. '고신'은 과거에 급제해서 관리가 되어 받는 임명장이었다.

[135] III-15. 『속대전』의 호전 창고조에 도형에 처하고 사면도 받지 못한다고 규정했다.

두는데, 가령 갑년(年)에 흉년이 들어 환조(還租)(벼로 찧지 않은 15말) 1석이 싯가로 2냥이면 돈으로 대신 거두는데(2냥씩) 농민도 또한 좋아한다. 을년(年)의 봄에 농민들이 바야흐로 굶주리고 곤란하면 관에서 말하기를 "올 가을에 풍년이 들면 1석의 벼가 1냥에 지나지 않을 것이니 너희는 이제 돈을 먹고 가을을 기다려 벼를 바치면 좋지 않겠느냐"고 하면 농민들이 또 좋아한다. 이러는 동안에 이익이 1냥이 되고, 만약 1천석 곡식을 가지고 있으면 그 돈이 1천냥이 되니 이것이 입본이다. 수령이 갖는 돈은 1석에 1냥에 그치지만 농민이 잃는 것은 2냥이다. 왜냐하면 갑년의 가을에 쌀값이 2냥이면, 그 다음 해의 봄에는 대게 쌀값이 올라 3냥이 되는데도 농민은 1냥을 받으니 2냥을 잃은 셈이 되는 것이다.[136]

⑤ 증고(增估)

감사가 공문을 보내어 어떤 아문(衙門)의 곡식 2천석을 상정례(詳定例: 일종의 시행 규례인데, 화폐와 곡물 간의 환산비율 기준)에 따라 작전(作錢)하라고 했을 때, 상정례에는 쌀 1석이 3냥이고 벼 1석이 1냥 2전인데, 그 고을의 싯가는 쌀 1석이 5냥이고 벼 1석은 2냥이면, 수령은 싯가대로 징수하고 상정례에 맞추어 상사에게 바쳐

---

**136** III-16. 봄에 돈을 나누어 주는 것은 봄에 돈 가치가 낮아지고 곡식은 추악해서 농민이 받기 싫어하기 때문이다. 또 보리의 환분(還分)에서도 종자 배분시기와 춘궁기를 피하면서 시기를 적당히 조절하여 이익을 챙기기도 했다(III-17).
보주 봄에 곡식이 추악한 것은 겨울내 먹고 남은 것에 여러 이물질들이 섞여 있기 때문이다. 곡식이 많은 것처럼 보이기 위해 아전들이 곡식에 이물질들을 섞는 짓을 늘 저질렀다.

그 이익을 훔쳐 먹는다(쌀 2천석을 1석마다 2냥을 훔치면 4천냥이다). 감사 스스로 훔치면 수령이 끼이지 못한다.[137]

#### ⑥ 가집(加執)

가집은 증고(增估)하는 경우에, 수령이 작전(作錢)의 수량을 늘리는 경우이다(예컨대 2천석 작전을 4천석으로 작전하는 것이다). 그러면 증고에서 차액을 착복하고, 또 가집에서 착복하니 이중으로 이득을 훔치는 것이다. 즉 이미 상정례에 의한 차액을 훔치고, 또 가집의 본전을 취하여, 그 이듬해 환분(還分)할 때 3냥으로 농민에게 나누어 주고 가을에 쌀을 거두어 입본(立本)하면, 1석마다 2냥이 또 남는다. 2천석을 가집하면 그 이익이 4천냥이다.[138]

### (3) 아전의 농간질

아전의 농간질은 12가지로 제시되었는데[139] 번질(反作), 입본(立本), 가집(加執), 암류(暗留), 반백(半白), 분석(分石), 집신(執新), 탄정(呑停), 세전(稅轉), 요합(徭合), 사혼(私混), 채륵(債勒) 등이다.

#### ① 번질

앞서 기술되었듯이 번질은 수령 아전 감사가 모두 개입될 수 있다. 아전도 환곡이 수납되지 못한 것을 포탈[140]하는데 개입한다

---

**137** Ⅲ-17~18.
**138** Ⅲ-18.
**139** Ⅲ-20.
**140** 보주 포탈(逋脫)은 도망가서 피한다는 뜻인데 재산이나 세금을 빼돌

(즉 臥還債를 거두어 먹는데 참여한다는 것). 그 계기는 다음과 같이 발생한다. 10월에 환곡을 받아들이기 위해 개창(開倉)하는데, 이 때 아전이 포흠한 것이 아직도 감춰져 있으나 연말에 이르러 수리(首吏, 대표 아전)가 이렇게 말한다. "어느 아전은 쌀 5백석이 이제 나올 곳이 없습니다. 만약 이제 잡아내면 거말(居末: 한 道에서 수납이 제일 늦는 것인데 처벌받게 되어 있다)을 면치 못할 것이니, 먼저 문서를 꾸며서 감영에 올리고 천천히 거둘 것을 의논하면 별 일이 없을 것입니다."[141] 여기서 아전이 포탈하는 단서가 생기는 것이다.

② 입본(立本)
가령 수령이 1천석을 입본하면 아전도 묘책을 내어 수령을 꼬이고 1천석을 입본한다.[142]

③ 가집(加執)
앞서 말한 수령의 가집(加執)을 관가(官加)라 하고, 여기에 아전이 또 가집(加執)하는 데 이것을 이가(吏加)라 한다. 감사가 2천석을 작전(作錢)하는데 수령이 1천석을 가집하면 아전은 그 사이에 또 8백석을 가집하여 여러 마을에 배당한다. 누구누구 집에 몇 말

---

리는 것이다. 지금도 '조세 포탈'이라는 말로 쓰고 있다. 포흠(逋欠)은 관의 것을 빼돌리는 것, 특히 환곡을 빼돌리는 것, 세금을 안 내는 것을 뜻했다. 흠(欠)은 하품하다, 모자라다를 뜻하는데, 빼돌려서 모자라게 되는 것이 포흠(逋欠)이다. 19세기 중반 삼남 지방의 민중 항쟁의 직접적 계기는 바로 아전(서리)의 환곡 포흠이었다. 《우리역사넷》, '항쟁의 직접적 계기' 참고.

**141** III-21.
**142** 위와 같음.

하는 식으로 조목조목 계산하면 충분히 10석이 되는데 장부의 끝에 적혀있는 총 수는 8석에 지나지 않도록 해서 수령의 눈을 속인다.[143]

### ④ 암류(暗留)

곡가가 오를 기미가 있으면 아전과 수령이 의논하여 환곡을 나누어 주지 않고 눌러 두었다가 싯가가 올라간 뒤에 팔아먹는다. 곡가가 내려가면 아전이 농민과 의논하여 나누어 주지 않은 채 눌러두고 싼 값으로 쌀을 사들여 천천히 뒷날의 이익을 도모하고 다만 나누어 주었다는 문서를 써 상사에게 보고한다. 또한 이와 같이 암류(暗留)된 곡식은 겨울이 되면 반드시 모축(耗縮)이라는 것을 농민으로부터 거두는데 그것은 곡식 1석마다 모조(耗條)가 1두 5승이고 색락(色落)이 1두 5승(원래 간색미는 3승, 落정미는 5승이었는데 간색미 5승과 낙정미 1두로 관례화되었다)이며, 타섬(打苫)이 2승을 밑돌지 않고 창고 안에서 축나는 것이 5두를 밑돌지 않을 만큼이며 모두 7~8두가 된다.[144]

### ⑤ 반백(半白)

환곡에서 반 섬의 곡식을 아전이 훔치고 반 섬의 곡식을 농민이 바치는 형태가 반백이다. 이것은 다음과 같이 해서 이루어졌다. 환곡을 나누어 줄 때에 즈음하여 유력한 아전이 마을의 유력한 농민을 불러서 꾀어 말하기를 "너희 마을이 받아야 할 환곡은 40

---

[143] 위와 같음.
[144] Ⅲ-22~23.

석인데, 창고 안에서 축이 나고 겨와 쭉정이가 섞여 있어서 받아다가 키질하면 20석이 못 될 것인데다가, 왕래하고 받아가는 데 이틀의 날품을 버리게 되고 간색미 낙정미 모곡 타섬미에 몇 말의 비용이 늘어날 것이니 무슨 이익이 있겠는가"라고 하고는, 그 아전이 40석을 먹을 테니 가을에 가서 아전이 20석을, 상대 농민이 20석을 내어 바치면 좋겠다고 하여 약정한다. 이렇게 열개 마을과 약정을 하면 모두 곡식 400석이 되는데 그 아전은 창고에 가서 알찬 것 400석을 얻어서 반은 자기가 착복하고 반은 그대로 창고에 둔다. 가을이 되면 창고에 있는 200석과 옆 마을에서 가져오는 200석을 받아 채워 놓는다. 이 때 아전은 곡식 10여석을 준비해서 겨와 쭉정이를 섞여 40석을 만들어 모조(耗條: 즉 400석에 대한 耗穀=이자 곡식)로 납부하고, 농민들에게는 440석을 납부한 것으로 증명서를 떼어준다. 한 고을 아전 5~6명이 이렇게 했고, 아전이 400~700석까지 농간질했다.[145]

### ⑥ 분석(分石)

창리(倉吏, 창고 서리)가 민가에 돈을 미리 나누어 주고 겨와 쭉정이를 모아, 창고에 멱서리[146]가 불룩하도록 받아 둔 알곡을 밤에 꺼내어 1석을 겨와 쭉정이를 섞여서 2석 내지 심지어 3~4석을 만들어 채워 넣고는 알곡 섬[147]을 가져다가 훔쳐 먹는다. 이것이

---

**145** Ⅲ-23~24.

**146** 보주 짚으로 날을 촘촘히 걸어서 만든 그릇.

**147** 보주 "섬 또는 석(秙)은 척근법(尺斤法, 길이와 무게를 재는 방법)의 하나로, 부피의 단위이다. 한 섬은 용량 180리터이며, 곡식의 종류나 상태에

분석(分石)이다.**148**

### ⑦ 집신(執新)

빈질 입불 가집 암류는 곧 묵은 곡식을 농민에게 나누어 주는데, 아전이 집행하는 것은 모두 새 곡식이다. 묵은 곡식으로 새 곡식을 바꾸는 것이 집신이다.**149**

### ⑧ 탄정(呑停)

크게 흉년이 들면 정부는 연말에야 환곡을 정퇴(停退: 환곡 납부를 연기하는 것)하라는 정책을 내린다. 노회한 아전은 미리 짐작하고 농민들로부터 곡식을 거둬들이기를 더욱 급속하고 혹독하게 하여 동짓달 그믐이 되어 수납이 끝나면, 유력한 아전이 요판(料販)한 것과 허탕한 아전이 포흠한 것을 허액(虛額: 실제로는 없으면서 장부상에 남아 있는 액수)으로 만들어 놓고 기다린다. 환곡의 정퇴령(停退令)이 내려오면, 아전은 수령에게 아직도 고을에서 수납치 못한 것이 많은데 요행히 정퇴령이 내려 다행이라고 말하고, 아전들이 만들어 놓은 허액(虛額)으로 정퇴의 숫자를 채워버린다. 이렇게 되면 흉년에 의한 환곡의 정퇴 혜택이 농민에게는 한 톨

---

따라 무게가 달라진다. 벼는 200 kg, 쌀은 144 kg, 보리쌀은 138 kg이다. 한 섬은 열 말이다. 신라시대 부피의 단위인 셤(苫)에서 유래했다." 셤(苫)의 옛 발음은 섬이다. 《위키백과》, '섬 (단위)' 참고.

**148** III-24.
**149** III-24~25

도 돌아가지 않는다.<sup>150</sup>

이보다 더 간악한 것은, 간혹 정퇴령이 일찍 내려지면 이 사실을 수령과 짜고 한동안 숨겨서 환곡의 수납을 독촉하는 짓이었다. 그렇게 해서 수납이 끝나면 그때에야 정퇴령을 백성들에게 알리고 이미 거둔 것을 정퇴에 돌려서 이것을 높은 값에 팔아 아전과 수령이 함께 나누어 먹고, 그 이듬해 봄에 약간의 돈을 풀어서 수령이 먹은 것을 입본(立本)해 두고(벼 1석마다 1냥을 지출), 아전이 먹은 것은 그냥 두었다가 탕감의 혜택을 기다렸다.[151]

⑨ 세전(稅轉)

환곡을 바꾸어 세미(稅米)로 삼거나 세미를 바꾸어 환곡으로 삼는 것을 말한다. 세 가지 형태가 있었다.

첫째 형태. 아전이 창고에서 포흠을 내어서는 세 번 뒤집고 네 번 굴리니 겨울에는 창고의 포흠이 되고 봄에는 세미(稅米)의 포흠이 된다. 아전이 환자의 포흠을 채워 놓도록 독촉받고는 마련해 낼 길이 없으면 마을에 나가서 방결(防結)이나 추결(抽結: 여러 사람들에게 돈이나 물품을 거두는 것)로 돈으로 받거나 곡식으로 받아서 메꾸어 놓는다. 봄이 되면 세미(稅米) 쪽에 또 일이 터지게 되므로 그 때는 환미(還米)를 받아서 방아를 찧어 세미로 바친다.

---

**150** III-25~26: 노회한 아전은 본 읍이 해당될 만한 정퇴의 등급까지 요량해서 허액을 준비했다.

**151** III-26~27. 정퇴한 곡식을 창환(蒼還)이라고 했는데 나라에 큰 경사가 있을 때 탕감되는 경우가 많았다. 정퇴의 원수(原數) 말고도 미수(未收)라는 것이 있는데, 이것으로 마감 장부를 꾸미고 팔아서 이익을 취하고, 보리 수확 때가 되어 곤궁이 풀리면 비로소 싼 값으로 입본(立本)했다.

한 번 굴리면 100석이 200석이 되고, 다시 굴리면 200석이 300석이나 된다.[152]

둘째 형태. 고을 아전이 영저리(營邸吏: 營主人)에게 잘 보이려고, 진상가미(進上價米)는 마땅히 환미(還米)로 회감(會減, 회계 장부인 회안에서 사용한 액수를 삭감)해야 하는데도 세미(稅米)로 지급하기 때문에 1석이 줄어 들 것이 1석이 더 줄어들게 된다. 외냐하면 환미는 아주 거칠고 또 섬이 작으며 세미는 아주 정하고 섬이 크기 때문이다. 결국 겨울에 개창(開倉)하면 이 줄어든 곡식을 민호(民戶)에 배당하여 징수한다. 또 병영(兵營)과 수영(水營)의 진상가미(進上價米)도 이렇게 해서 민호에 배당하여 징수케 한다. 진상가미로 소용되는 것이 600석이면 300석을 농민이 또 거저 바친다. 만약 창고에 원래 환미(還米)가 없으면 환조(還租: 환곡중의 벼)로 이 세미(稅米: 즉 진상가미)를 채우는데 환조(還租) 1석은 쌀로는 겨우 2말 밖에 안 될 것이니 (겨가 섞여 있기 때문이다) 모름지기 환조 7~8석을 가져야 세미(稅米) 1석을 바칠 수 있다. 또 만약 창고 안에 환조(還租)도 없으면 환맥(還麥: 환곡 중의 보리)으로 이 세미(稅米)를 채우는데 보리 12석을 팔아야 세미 1석을 바칠 수 있으므로 환맥을 뒤집어 환조로 만들면 축이 더 많이 나게 된다. 필경 세미 1석이 굴러서 환미 20석이 되고, 이 같이 굴려서 축이 난 것은 모두 농민의 민호에 나누어 징수하니 더욱 부담이 가중되는 것이다.[153]

셋째 형태. 민고(民庫)의 쌀은 많은 경우에 세미(稅米)와 함

---

152  III-27.

153  III-27~28.

께 징수하는데, 어떤 마을에 유망(流亡)했거나 대(代)가 끊어진 집이 있어서 거두지 못한 것이 있으면, 이 민고의 쌀이 반드시 굴러서 환미(還米)가 되는데, 거듭 뒤집고 굴리면 민고의 쌀 1석이 필경 환미 20여석이 된다.[154]

⑩ 요합(徭合)

민고의 요역(徭役)은 모두 조(粟)로 징수하는데 전결(田結)을 기준으로 결환(結還, 매결에 4~5두 혹은 7~8두)하거나, 호구(戶口) 총수를 기준으로 통환(統還)하며, 용도에 따라 징수하거나, 환자(還上)에 같이 내기도 한다. 환자(還上)와 같이 내게 되면 이미 농민은 간색미 낙정미 및 타섬미(打苫米)의 부담을 지고 있다. 그런데 곡물을 받아 쌓아두는 창고 안에 공곡(公穀)만 있으면 아전들이 농간하기 어렵다. 만약 그 창고 안에 민고의 요역으로 받아들인 벼인 요조(徭租)나 아전들의 사유(私有)의 벼인 이조(吏租)가 같이 섞여 들어 있으면, 아전들은 이것을 빙자하여 부정의 소굴로 삼는다. 즉 이들은 넣고 빼기를 마음대로 하며 값이 오르고 내림에 따라 농간하여 판매한다. 이것은 마치 전세(田稅) 가운데 궁결(宮結: 無土免稅)이 섞여 있거나 요미(徭米)가 섞여 있으면, 양호(養戶)와 방납(防納)하는 자가 그것을 빙자하여 부정의 소굴을 삼는 것과 같다. 민고(民庫)에서 쓸 것이 급하다는 핑계로 공곡(公穀)을 꿔주도록 요청하여 다행히 창고 문이 일단 열리면 마음대로 꺼내어 팔아먹어 치운다. 그러므로 요합(徭合)은 아전이 농간부리는 소굴이기 때문에, 민고에서 거두는 것은 마땅히 돈으로 해야 하고 곡

---

**154** III-28.

식으로 해서는 안 된다는 것이다.[155]

### ⑪ 사혼(私混)

서원(書員)들이 마을로 가서 도움을 청했는데, 농민들은 안면과 인정에 이끌려 거부하지 못했고, 또 그들이 전결(田結)에 전세를 부과하는 실질적인 영향력을 행사하므로 나중에 해를 줄까 두려워서 곡식 말이나 돈 몇 푼을 주기도 했던 것이 특히 삼남 지방(三南地方)[156]에서 관례화되어서 곡식이나 돈으로 거두기도 하고 전결(田結)에 부과하기도 하고 가호(家戶)에다 부과하기도 하고 환자에 섞어 내기도 하게 되었다. 이것을 고급조(考給租) 또는 이고조(里考租)·회두조(回頭租)라고 한다. 예컨대 한 고을의 전총(田總)이 6천결인데 매 결에 벼 4두를 거두면 1천6백석이 된다. 이것이 환자 가운데 섞여 들어가서 창고에 공곡(公穀)과 함께 있게 되면 아전들은 이것을 핑계로 온갖 농간을 부리는 것이다. 먼저 기일에 앞서서 미리 꺼내 쓰기도 하고, 빌리고 나서는 갚지 않기도 하고, 실제보다 더 집전(執錢)하기도 하여 이것으로 포흠한 것을 채우기도 한다. 창고를 여는 데 명분이 없으면 이것을 핑계대기도 한다. 이렇게 되고 보니 서원(書員) 뿐만 아니라 수리(首吏)·도리(都吏)·창리(倉吏)·고리(庫吏)에서 어느 하나 연루되지 않는 것이 없었다.[157]

---

**155**   Ⅲ-29.

**156**   보주 벽골제 남쪽의 호남 지방(전라남북도), 의림지 서쪽의 호서 지방(충청남북도), 새재(조령) 남쪽의 영남 지방(경상남북도)를 뜻한다.

**157**   Ⅲ-29~30.

⑫ 채륵(債勒)

아전이나 노비들이 농민으로부터 사채(私債)를 받을 것이 있으면, 먼저 서로 상의하여 창고를 열고 곡식을 꺼내어 이익을 좇아 장사를 하여 그 차액을 일단 먹는다. 10월이 되면 채권자인 아전은 사채(私債)에 월리(月利: 1냥의 돈은 매달 그 이자가 10푼이다)를 합산하여 그 때의 싯가에 따라 곡식으로 환산하여 그것을 채무자인 농민이 환자와 함께 섞어서 내도록 했다. 빚진 사람들은 모두 가난하고 한 톨의 곡식도 공창(公倉)에서 받지 않았으나 나라 곡식을 핑계대어 이중으로 착취당했다.[158]

위에 열거된 것은 모두 해마다 되풀이됐다. 한 톨의 곡식도 농민들에게 나누어 주지 않은 채 겨울이 되면 가호마다 곡식 5~7석을 관창(官倉)에 바쳤는데, 그 명목이 모두 환자(還上)였다. 그러므로 환자는 완전히 백상(白上: 까닭없이 거저 바치는 것)이었으며, 아전들이 수령과 감사에까지 연계하여 농간질하는 구실을 주는 것일 뿐이었다. 아전들은 농민을 "괴롭히면 얻는 것이 있다(困而得之)"는 비결을 함부로 행사했다.

> "결역(結役, 전결에 부과하는 잡부(雜賦)로 영리(營吏)·향리(鄕吏)에게 주는 역가(役價) 등)은 번거롭고 무겁거늘 해마다 그 비율을 높여서 부세(賦稅)를 바치는 백성을 괴롭히면 백성은 괴로움을 견디지 못하여 높은 값이면 방결(防結)을 구할 것이니 이것은 일거양득이다(이미 부세에서 먹고 또 방결에서 먹는다). 환곡은 조악한데 게다가 그 알곡을 훔쳐서(겨를 섞어 分石한다)

---

[158] III-31~32.

환곡을 받은 백성을 괴롭히면 백성은 괴로움을 견디지 못하여 곡식을 거저 가져다 바치게 된다(半白)[159]. 이것이 일거양득이다(이미 분석에서 먹고 半白에서 먹는다)."[160]

여기에 영리(營吏)의 농간이 깊이 개재했다. 즉 보리 환곡을 개창(開倉)하고 가을 환곡을 개창할 때 여러 읍의 아전들이 돈 수백 냥을 갖고 감영에 가서 아주 싼 값으로 환곡을 사들이고 돌아와서는, 외촌(外村)에서 바쳐야 할 곡식을 잡아 시골 집에 저장해 두었다가 때를 기다려 환곡을 팔아먹는데, 그것이 4~500석에 이르렀다. 따라서 은결(隱結)이 매년 늘어난 것은 영리(營吏)가 팔아먹은 것이며,[161] 그 결과 곡부(穀簿, 곡식 장부)가 날로 문란해진 것이다.[162]

---

**159**　보주 분석은 "창고를 관리하는 아전들이 온전한 곡식 1섬에 겨와 쭉정이를 섞어서 2섬 혹은 3섬으로 만드는 것"이고, 반백은 "실제로는 분급하지 않은 환곡의 절반을 농민에게 물게 하던 것"이다. 《한국민족문화대백과사전》, '분석(分石)', '반백(半白)' 참고.

**160**　Ⅲ-37.

**161**　진전(陳田)이 개간된 것을 영리가 향리에게 뇌물을 받고 대개장의 잡탈(雜頉)로 인정해 주었다.
보주 진전은 "조선시대의 농경지 가운데 휴한(休閑) 혹은 진황(陳荒)시키지 않고 해마다 경작하는 상경전(常耕田)을 지칭하는 법제적 용어"이다. 《한국민족문화대백과사전》, '진전(陳田)' 참고.

**162**　Ⅲ-36~37.

## 4. 부역

### (1) 호적(戶籍)

조선 후기에 국가의 여러 수취(收取) 중에서 국납(國納)·선급(船級) 및 읍징(邑徵)과 같이 토지를 대상으로 하는 전결(田結) 외에, 주로 가호(家戶)를 대상으로 부과하는 여러 가지 부담이 있었는데, 이를 통칭해서 부요(賦徭)라고 한다. 이 부요의 부과단위는 가호(家戶)와 자산(資産)을 혼합해서 편성하는 법제호(法制戶)이다. 원래 전세(田稅)는 토지에서 나오는 것이고 부(賦)는 호산(戶産)에서 나오는 것인데, 조선 왕조에서 차츰 부가 토지에 부과되기 시작해서 전세의 부담이 많아졌다.[163] 그렇다고 부요의 부담이 줄어드는 것이 아니라 봉건적 수취의 가중과 편리에 의한 것이었다. 그러나 모든 형태의 부역(賦役) 또는 부요(賦徭)의 부과는 법제호(法制戶)의 호적(戶籍)에 기초하였다.

---

**163** 정약용이 부(賦)가 전세에 결부된 것을 지적한 것은 다음과 같다. 즉 대동·균역(大同·均役, 結錢임), 삼수미·모량미(三手米·毛糧米, 황해도에서 별도로 쌀 3斗를 거두었는데, 본래 명나라 장군 毛文龍이 淸에 항거하여 假島에 있어서 군량미로 주었다. 그 후에도 계속 황해도 지방에 남아 있었다.), 치계미(雉鷄米)·경저미(京邸米, 京主人 役價米)·영저미(營邸米, 營主人役價米)·삭선공가미(朔膳貢價米, 매달 초하루에 각 도에서 나오는 특산물로 임금이 드는 수라상 차리는 비용조로 거두는 쌀. 전에는 환자미에서 회계하였으나 그 뒤 稅米에서 취해 썼다.), 공이각가미(公移脚價米, 공문의 전달에 드는 쌀), 신관쇄마전(新官刷馬錢)·구관쇄마가(舊官刷馬價)·서원효급조(書員孝給租)·저줄근수조(邸卒勤受租, 面主人의 수고비 조로 주는 것. 地主人勤受租와 같음.), 환자(還上) 등이다(III-108~109. '平賦' 上.).

호적은 3년마다 인(寅)·사(巳)·신(申)·해(亥)가 드는 해에 새로 작성토록 되어 있었다. 이 법제호의 호적은 1구(口)도 1호(戶)도 빠뜨리지 않는 핵법(覈法)[164]으로 작성되는 것이 아니라, 구(口)와 호(戶)를 모두 찾아내지 않고 마을에는 사사로운 장부를 두어 요역과 부세를 할당하게 하고, 관(官)에서는 그 대강을 잡아서 도총(都總)으로 파악하는 관법(寬法)에 따라 작성되므로, 1호가 반드시 1가구(家口) 또는 자연적인 한 호(자연호(自然戶) 또는 연호(煙戶))를 표시하는 것이 아니었고, 보통 3~6가(家)를 합쳐서 1호를 만들었으며, 또한 법제호의 총수인 호총(戶總)이 실제호(實際戶)의 총수를 나타내는 것은 아니었다.[165] 새로 호적을 만든다는 것은 마을(里) 단위로 법제호의 호총을 관(官: 수령)이 확정해 주는 것을 의미하는데, 관례적으로는 마을 단위로 새로 조사하여 정리한 자료(이것을 침기부(砧基簿) 또는 가좌책(家坐册)이라고 한다)[166]를 갖고, 이미 그 이전에 조사하여 국가에 등록되어 있

---

**164** 보주 覈은 '핵실할 핵'으로 새기는데, 핵실(覈實)은 사건의 실상을 조사하는 것을 뜻한다.

**165** 보주 조선은 호와 구로 가구와 인구를 확인하는 '호구식(戶口式)'을 썼다. 호는 부부와 자녀에 더해 노비, 고공 등이 포함됐다.《한국민족문화대백과사전》, '호구식' 참고.

**166** 정약용이 만든 가좌부(家坐簿)의 경위표(經緯表, 오늘날의 통계표) 작성의 예시에 의하면, 동리별로 가구주의 이름이 열거되고, 한 집에 대하여 다음과 같이 많은 항목들이 기재된다(III-82~87).
- 품(品, 씨족의 신분등급): 鄕(鄕丞의 씨족)·良(신분은 낮지만 천하지 않은 것)·土(벼슬아치의 씨족)·私(사사집의 奴屬)·驛(驛屬으로서 驛吏·驛卒)·中(良人으로서 游学하는 자)
- 세(世): 主는 그 고장에 2대 이상 산 집인 主戶·客은 다른 곳에서 이사

는 경사(京司)<sup>167</sup>에 마감된 그 고을의 호적 총수에 비추어 배당 확정하는 것이다. 즉 어떤 리(里)는 25호이며 어느 촌(村)은 12호라고 확정시켜 주는 것이다. 가좌책(家坐册)에 기록된 자료에 의하여 호(戶)의 등급이 매겨졌던 것 같다. 예컨대 대호(大戶)·중호(中戶)·소호(小戶)로 규정되는 것이었는데, 정약용은 침기표에 나타난 호적의 실수로서 그 이전에 마감한 원액(原額: 그 고을의 각 지역의 法制戶의 수)에 나누어 배당하되 대호(大戶) 하나와 소호(小戶)

온 집 즉 客戶
- 업(業): 農, 估(장사치)·科(科儒)·冶(工匠)·倡(광대)·武(무예를 닦는 자)·漁(고기잡이)·校(校生)
- 역(役): 軍布의 역. 軍布 바치는 역을 진 자의 수·保錢바치는 자의 수·束伍軍의 수·保米바치는 자의 수
- 택(宅): 가옥의 칸 수, 기와집 표시
- 전(田): 밭으로 日耕으로 표시
- 답(畓): 논으로 두락을 석(石)으로 표시
- 전(錢): 가지고 있다는 돈
- 정(丁): 남자 17세 이상의 수
- 여(女): 여자 17세 이상의 수
- 노(老): 남녀 60세 이상의 수
- 약(弱): 남녀 16세 이하
- 휼(恤): 홀아비·과부·고아·자식없는 늙은이 및 불구자·맹인
- 노비(奴婢): 부리는 종
- 고(雇)는 머슴의 수
- 종(種): 팔아서 돈을 장만할 수 먹는 것으로 배·감 등 식물
- 축(畜): 팔아서 돈을 장만할 수 있는 소·양·말·돼지 등 동물
- 선(船): 배
- 좌(銼): 쇠솥

**167**  보주 조선 시대에 한성에 있던 관청의 총칭.

둘을 가지고 1호로 삼는다든지 하여 지난 식년(式年)에 마감한 호총이 4천호라면 거기에 환산하여 맞추는 것이 좋다고 말하고 있다.[168]

또한 호적에 실리는 인구의 수도 결국 호총(戶總)에 따라 환산 배분했었다. 예컨대 가령 지난 식년(式年)의 4천 호에서 남자가 7천8백이고 여자가 8천2백이었다면 매 40호마다 남자 78명, 여자 82명이므로 이 같은 환산율로 계산하여 이(里)와 촌(村)에 확정한 호총(戶總)에 배당해서 책정한다는 것이다.[169]

① 호적 작성 방법

호적(戶籍) 작성을 핵법(覈法)이 아니라 관법(寬法)으로 하는 것이 가혹한 봉건적 수취의 가능성이 더 컸던 것으로 보인다. 매 3년마다 새로 호적을 작성하게 되면, 수령은 호적청(戶籍廳)을 설치하여 향승(鄕丞)을 도감(都監)으로 삼고, 수교(首校)를 감관(監官)·감고(監考)로 삼고, 적리(籍吏)를 두어 현지에 나가 조사케 했다.[170] 정약용은 이 호적 작성에서부터 수탈이 일어나는 사례를 적나라하게 묘사하고 있다.

> "백가(百家)가 있는 마을에 초가지붕의 황색이 선명하고 굴뚝에서 푸른 연기가 오르면 이는 이른바 부촌(富村)이다. 매양 호적을 다시 작성하는 해를 당하면 적리(籍吏)가 공문을

---

**168** Ⅲ-89~90.

**169** Ⅲ-91.

**170** Ⅲ-92.

띄워 10호를 증가시키겠다고 위협한다. 이에 이 부촌에는 우두머리 호민(豪民)이 있어 그 이웃들을 끌어 모아 느릅나무 그늘에서 의논하기를, "이 10호라는 것이 형편상 면하기가 어렵다. 민고(民庫)와 사창(社倉, 곧 還上이다)의 요역이 번거로울 것이니, 10호의 1년 부담이 100냥이요, 3년의 부담은 300냥이 될 것이다. 그 3분의 1을 가지고서 이 일을 막아 버리는 것이 좋지 않겠는가?"라고 하면, 모두들 "그렇고 말고, 우리 마을의 일은 오직 자네만 믿겠네. 우리가 그 돈을 거두어 줄 것이니 자네가 가서 성사시키게" 하고는 드디어 이정(里正)을 보내어 돈 100냥을 지고 가게 한다.

그 호민은 그 중의 20냥을 몰래 제 주머니에 넣고 80냥을 적리(籍吏)에게 뇌물로 주어 그 일을 그만두게 한다. 그리고는 그 호민이 아전에게 말한다. "내가 자네와 잘 지내는 사이인데 마침 이러한 기회를 만났으니 어찌 다만 증호(增戶)만 하지 않으리오. 역시 감호(減戶)도 할 수 있을 것이다. 특별히 5호만 감해 주어서 우리 마을에 혜택을 베풀어 주게." 아전이 말한다. "금년에는 이 일이 실로 어렵기는 하지만 자네가 말하는데 내 어찌 거절 할 수 있겠는가." 그 호민이 제 마을로 돌아가서는 늙은이 젊은이를 모아 놓고 이르기를 "5호를 줄이는 일은 내가 이미 약속을 받았으니, 속히 사전(私錢: 동네의 공동으로 모아 둔 돈)을 헐어서 50냥을 만들어 내라"하면, 모두들 "거 참 잘 되었다. 자네의 변통이 아니었다면 어찌 감호를 받을 수 있었겠는가"라고 한다. 그래서 마침내 5호를 감하여 다른 다섯 마을에 할당하니 그 다섯 마을은 1호씩 늘어나게 된다.

그 다섯 마을에서는 크게 놀라 "동네가 망했구나. 예로부터 우리 동네는 3가(家)가 서로 의지하여 1호의 역(役)을 부담해 왔어도 오히려 피를 말릴 지경이었는데 하물며 1호가 더 늘어난다면 누가 감당하겠는가?" 하고는 송아지를 팔고 솥을 팔아서 모은 돈 7냥을 가지고 바삐 호적청(戶籍廳)에 가서 아뢴다. "엎드려 생각컨대 후한 덕으로 이 슬픈 고충을 살펴주소서. 예로부터 우리 동네는 3가가 서로 의지하여 1호의 역을 지는 것도 오히려 피를 말릴 지경이었는데, 하물며 1호가 더 늘어난다면 그 누가 감당하겠습니까? 이 보잘 것 없는 돈이나마 애오라지 조그마한 정성을 표하는 것입니다." 적리(籍吏)는 하늘을 쳐다보고 허허 크게 웃으며 말한다. "1호를 면제하는 데에는 으레 10냥을 바쳐야 하지만, 너희의 잔약함을 불쌍히 여겨 특별히 너희의 청을 들어 주겠다." 그래서 이 1호를 또 다른 마을에다 갖다 붙이면, 그 마을에서도 바삐 달려가 아뢰기를 위의 방법과 같이 한다.

이렇게 되니 부촌에서는 돈 1~2백냥을 가져다 바치고, 그 다음 촌에서 7~80냥을 가져다 바치며, 차례로 내려가서 비록 3가(家)가 있는 마을일지라도 7~9냥을 가져다 바치지 않는 곳이 없다. 이에 그 부촌에서 감해진 홋수(戶數)가 모래처럼 쌓이고 쑥대처럼 굴러다니며 구름과 안개처럼 변해서 몰아낼 요역을 지지 않는 곳에 가져다 붙이게 되니, 첫째는 읍성(邑城)이요, 둘째는 교촌(校村, 향교가 있는 마을)이며, 셋째는 진(鎭村, 지방 軍鎭이 있는 마을)이요, 넷째는 역촌(驛村)이며, 다섯째는 참촌(站村)이요, 여섯째는 사촌(寺村, 절 입구의 마을)이다.¹⁷¹ 부자(父子) 7인이 있으면 7호를 세우고 형제 5인이 있으면 5호를 세우며, 그래도 부족하여 없는 인명(人名)을 꾸며대니 장삼이사(張三李四)를 얽어서 몇 통(統)으로 만들어 원총(原總)의 홋수(戶數)를 채우는 것이다. 그래서 요역(徭役)이 할당됨에 미쳐서는 100가(家)가 있는 마을은 10호에도 미달하고, 3가가 있는 동네에는 9호에까지 이르는데, 읍촌 진촌 따위는 으레 요역을 지지 않는 것이다. 원총이 5~6천호가 되는 고을일지라도 요역과 환곡을 부담하는 것은 1천호에 지나지 않는다. 6호의 요역이 1호로 중첩되고 5호에 할당될 양곡(糧穀, 還上이다)이 1호에 부과되니, 민고에서 돈을 거두매 1호가 바치는 것이 해마다 수백 전(錢)이 넘고, 사창(社倉)에서 환곡을 할당하매 1호가 받는 것이 해마다 10섬(苫)을 넘게 된다."¹⁷²

이렇게 하여 부촌에서는 뇌물을 바치고서 그 실제호(實際戶)의 총수에 비례하는 법제호(法制戶)의 액수는 줄어들고, 빈촌(貧村)은 그렇지 못하니 법제호의 수가 늘어나는 것이다. 더 나아가 제역촌(除役村)에 집어넣기는 하지만 그것을 다만 문서상으로 제역촌에다 법제호를 책정(策定)하는 것이니 실제로는 허호(虛戶)를 가설하는 것이다. 그러나 요역은 허호(虛戶) 아닌 실제의 법제호의 호총에 대하여 부과할 수밖에 없으므로 결국 빈촌의 부담이 상대적으로 자주 크게 늘어나는 것이다.

171  모두 제역촌(除役村)이다.
172  III-78~80.

그러므로 호적을 작성하는 해의 전 해, 즉 진(辰)·술(戌)·축(丑)·미(未)가 들어가는 해의 겨울이 되면 아전들은 베, 명주, 진귀한 어포, 전복 등을 구하여 서울로 올라가서 적리(籍吏)의 자리를 얻고자 백방으로 손을 썼다. 고풍전(古風錢, 아랫사람이 윗사람에게 무엇을 청하여 바치는 돈)을 수령의 내사(內舍, 말 자체는 안채인데 부인을 뜻한다)에도 바치고, 책방(冊房)에도 바치고, 겸인(傔人)에게도 바치고, 수령이 좋아하는 기생에게도 바쳐서, 다음 해에 적리(籍吏)의 자리에 차임(差任)되도록 애쓴다. 적리(籍吏)가 되면 큰 고을의 경우에는 넉넉히 1만냥을 먹고 작은 고을일지라도 모두 3천냥이 넘는다고 하였다.[173]

② 호적 작성 비용

호적 작성 자체가 수취의 악랄한 수단이 되는 것 외에 호적 작성의 비용도 다음과 같이 백성의 부담으로 지웠다.

첫째, 남방의 관례에는 인구미(人口米)가 매 구(口)에 1승(升) 인정전(人情錢)이 매 호(戶)에 2푼, 정서조(正書租: 벼의 찧지 않은 것을 조(租)라 하는데, 서북지방에서는 속(粟, 좁쌀)으로 대신한다)가 매 호(戶)에 1두(斗)이다. 그 해의 호구에 비추어 리(里)에서 거두는데, 쌀은 아전이 먹는 것이며, 돈은 경사(京司)에 호적을 마감할 때의 비용으로 쓰는 것이며, 조(租)는 호적대장(戶籍臺帳)을 등서(謄書)할 때 쓰는 비용이다(紙·筆·墨 및 書手의 工價로 쓴다).[174]

둘째, 호적 단자(單子)를 거둬들일 때 호적청에서는 으레 각

---

**173** III-80~81.

**174** III-96.

리(里)로부터 5~6냥씩을 토색한다. 적리(籍吏)·적감(籍監)·적노(籍奴)·적예(籍隷)들이 강압적으로 지출케 한다. 포촌(浦村)과 점촌(店村)에서 10냥을 바쳐야 호적 단자가 접수된다. 또는 호(戶)마다 1냥씩을 거두기도 하고, 이 경우에는 사족(士族)·향족(鄉族)이라도 5~7전을 내지 않을 수 없다. 또 읍내의 불량배가 자칭 감고(監考)라고 하며 마을에 나가 마을마다 1~2냥씩 토색을 한다.[175]

셋째, 실제로 호적 작성에서 호적사목(戶籍事目)을 범하는 일이 많았던 것 같다. 예컨대 나이를 높이거나 낮추기도 하고, 유학(幼學)을 모칭(冒稱)하기도 하고, 관작(官爵)을 거짓 꾸미기도 하고, 거짓 홀아비라고 한다든지, 거짓으로 과적(科籍: 호적에 科儒로 등재하는 것)에 이름을 올린다든지 해서 백성들이 가혹한 수취에서 조금이라도 벗어나고자 하는데, 이 일은 아전의 협조 없이는 불가능하기 때문에 적리(籍吏)에게 뇌물을 주고 적발당하지 않기를 기도하는 것이다. "범하는 자가 이미 많으니 뇌물이 드디어 관례가 되고, 범하지 않는 백성 또한 뇌물을 바치게 된다. 이것이 호적 단자를 받아들일 때에 으레 돈 5, 6냥씩을 토색하게 되는 까닭이다."[176]

### (2) 민고(民庫)

봉건적 수취에 있어서 전부(田賦=田稅) 외에 법제적으로 규정되지 않으면서도 봉건체제의 유지에 필요로 하는 부담을 백성들에

---

175  위와 같음.

176  III-101.

게 지웠던 것이 민고(民庫)이다.[177] 이것은 18세기 말까지는 일부 지방에서 부분적으로 설치되었으나 점차 전국적으로 확대되었는데, 각 지방의 관행에 따라 규례가 정해졌다. 원래는 비합법적인 부담을 합리적으로 줄이고, 또 업무를 간편하게 하기 위하여, 일정한 기금을 마련해서 그 이자로써 운영하든지 민고전(民庫田)을 설치해서 운영하는 경우가 있었으나, 이것이 모두 백성들을 악랄하게 수탈하는 것으로 전환되어 갔다.

민고의 규례는 고을마다 달랐으나, 대체로 서북지방은 토지가 척박한 까닭에 호렴(戶斂: 家戶에 부과하는 것)으로 하였고, 남부지방은 토지가 비옥한 까닭에 결렴(結斂: 토지에 부과하는 것)으로 하였다. 정약용은 관례대로 실시되고 있는 민고를 그래도 호렴(戶斂)으로 해서 백성의 부담을 줄여야 한다고 주장했다. 정약용은 이것을 아전들이 반대한다고 했는데, 그 이유는 결렴(結斂)으로 해야 아전들의 방결(防結)의 소지가 많아지기 때문이었다. 그리고 이 요인에 의해 민고의 부담이 증대되기도 하였다.[178] 정약용이 민고절목(民庫節目)을 정리한 것을 보면 민고의 부담 항목이 많을 뿐만 아니라, 합법적으로 국가의 재정(財政)에서 지출되어

---

[177] I-190~191. 고을에는 반드시 공용의 재정이 있어 여러 고(庫)가 설립되어 있었다. 처음에 공용으로 세웠으나 설립한지 오래되면 점차 사용(私用)으로 지출되어 그릇된 관례가 겹겹이 생겨서 절제없이 낭비하게 됐다. 수령이 잘 살피지 못하고 아전과 고노(庫奴)가 갖가지로 몰래 훔쳐 먹고, 또 재물이 떨어지면 이를 거듭 거두어 들인다. 이 고(庫)의 이름은 補民庫, 補役庫, 補弊庫, 補餉庫, 解懸庫, 息肩庫, 雇馬庫, 修城庫, 養士庫, 藏氷庫, 軍器庫, 軍需庫, 賑恤庫, 博關庫 등 다양했고 지출에는 법식이 없다고 하였다.

[178] III-121.

야 하거나 정당한 값을 지불하고 구입해야 할 것이 민고의 부담으로 넘어 온 것이 많은 것을 볼 수 있다.[179] 그 항목들은 다음과 같다.[180]

① 순영주인(巡營主人) 역가미(役價米)
② 병영주인(兵營主人) 역가미(役價米)
③ 춘추 석전대제(釋奠大祭) 양성(羊腥, 양) 시성(豕腥, 돼지) 첨가조(添價條)
④ 현사(縣司) 시탄가(柴炭價) 첨급(添給)
⑤ 진상 절선(節扇, 여름 부채) 물종가(物種價)
⑥ 본고(本庫, 즉 民庫) 감관(監官) 1년 요미(料米, 봉급을 뜻한다)
⑦ 본고 색리(色吏) 고자(庫子, 지방 관아의 물건을 관리하는 하예) 1년 요미(料米)
⑧ 경주인(京主人) 역가(役價)
⑨ 순영주인(巡營主人) 진상첨가(進上添加)
⑩ 전관색(全館色: 문서 수발을 맡은 아전) 각가(脚價)
⑪ 전관색 하삼삭 농형장(夏三朔 農形狀, 각 고을이 농사철[4·5·6월]에 作況을 주기적으로 監營에 보고하는 文書) 각가 첨급(脚價 添給)[181]

---

**179** III-114~146. 국가재정이나 합법적 근거에 의하여 지출되어야 할 것이 민고(民庫)에서 지출케 하는 문제가 항목별로 논급되고 있다.

**180** III-135~137.

**181** 보주 역가(役價)는 일 값인데, 하는 일에 대한 삯이다. 각가(脚價)는

⑫ 관용(官用, 수령의 용도) 치계시탄가(雉鷄柴炭價)

⑬ 진상 자하거가(紫河車價, 태(胎)를 약재로 진상하는 것)[182]

⑭ 진상 절선가(節扇價) 첨급

⑮ 분양마(分養馬) 거래부비(去來浮費, 오고 가는데 드는 잡비) 및 외양가(喂養價, 말을 먹이는 데 드는 비용)

⑯ 통영(統營) 전죽가(箭竹價)

⑰ 병영 전죽가

⑱ 수영(水營) 궁소죽가(弓巢竹價)

⑲ 수영 기한죽가(旗桿竹價)[183]

⑳ 경사(京司)에 바치는 죽물(竹物) 목물(木物)의 인정(人情)

㉑ 규장각(奎章閣) 책지·벽지가(冊紙·壁紙價)

㉒ 동지사(冬至使) 구청(求請) 피물·직물가(皮物·織物價)

㉓ 본고 소용 지필묵가(紙筆墨價)

㉔ 본고 등유가(燈油價)

㉕ 진상 청대죽가(靑大竹價, 차례에 해당되는 해에 〈차하〉[184]한다)

---

발 값인데, 걸어서 돌아다니며 일을 처리하는 것에 대한 삯이다. 첨급(添給)은 추가로 주는 삯이다.

**182** 보주 "자하거(紫河車). 사람의 태반. 기혈을 보(補)하고 정력을 더하는 효과가 있어 폐결핵, 신경 쇠약, 빈혈 따위에 쓰인다."《한국한의학연구원 한약자원연구센터》의 '자하거' 설명.

**183** 보주 전죽은 화살용 대나무, 궁소죽은 활통용 대나무, 기한죽은 깃대용 대나무.

**184** 보주 지급한다는 뜻이다. 한자로는 上下로 쓰는데, 이 上下는 이두(吏讀)로서 '차하'라고 읽으며, 지출이나 지급을 뜻한다.

㉖ 제주인(濟州人) 희료(餼料)¹⁸⁵ 및 소안도(蘇安島) 고자급
(庫子給, 오직 도회관(都會官)의 차례에 해당되는 해에만 〈차하〉한
다. 이하 2조도 마찬가지이다.)

㉗ 제주의 월해(越海)·군관(軍官) 노비

㉘ 제주의 진상 물종 영거(領去)하는 군관 상경 노비

㉙ 표류선(漂流船)이 닿았을 때 지공하는 기명가(器皿價)

㉚ 순력시(巡歷時) 남례원(南禮院) 수리가(修理價, 순력하다가
院에 들르는 경우에만 〈차하〉한다)

㉛ 순력시 원참(院站)의 지공 접대가 첨급

㉜ 순력시 포진 장악가(鋪陳 帳幄價)

㉝ 별사(別使, 중국에 가는 비정기 사신)가 구청(求請)하는 피물
등가(皮物等價)

㉞ 이조 당참가(吏曹堂參價, 수령이 갈려서 돌아 갈 때에만 〈차하〉
한다).

㉟ 아사수리가(衙舍修理價: 새로 수령이 도임할 때에만 〈차하〉한
다.)

㊱ 윤달의 치계시탄가

㊲ 선생(先生, 전임관을 지칭) 치부조(致賻條)

㊳ 순영(巡營) 별복정(別卜定) 향심(香蕈, 버섯) 20두 값

㊴ 윤달의 본 민고의 지필묵가(紙筆墨價)

민고가 관습적인 수취형태로 형성되어 간 것은, 전세(田稅)

---

**185** 보주 급료를 뜻한다. 餼는 '보낼 희'인데 음식을 보내는 것을 뜻한다.
料는 '되질하다 료', '헤아릴 료'이다.

와 환자(還上)에서의 모순 형성과 마찬가지로, 국가재정의 확충 없이 감사(監司) 제도가 강화된 것과 궤를 같이 하고 있고, 이 감사 제도의 강화가 수령체제에 의한 수탈을 강화시켰다. 정약용은 민고의 폐단의 근원이 두 가지가 있음을 지적했다.

첫째, 감사(監司)가 지방관으로서 정착하고 확충하는데 따른 비용의 조달 문제이다. 감사의 관청과 저택, 제반 용구, 시중, 음식, 거마(車馬), 의복 등 모든 시설과 비용의 규모가 커졌는데, 이 비용을 수령이 조달해야 했다. 말하자면 수령들이 감사의 비용으로 지출한 것을 백성들에게 돌린 것이다. 이와 함께 감사의 복정(卜定)[186]이 강제적인 것이고, 게다가 배정한 액수는 본래 적은데 감영(監營)에서 받아들일 때는 그 수가 지나치게 많고, 또 매겨진 가격은 본래 싼데 감영에서 받아들일 때의 물건 고르기는 지나치게 까다롭게 하니, 수령이 감당치 못하여 백성에게 부담을 전가하는 것이다.[187]

---

[186] 보주 "복정(卜定)이란 '부담시키다', '떠맡기다' 뜻으로 이두로 '지정'이라고 읽는다. 관문복정(關文卜定)이라고 하여 외방에 보내는 공문인 관문을 통해 행해지고, 이때 국정 최고 기관인 의정부를 거쳐서 공문이 내려가거나 아니면 직관(直關)이라고 하여 직접 공문을 내려보내거나 하였다. 조선시대에 모든 기관은 필요한 물품을 공물로 충당하는 것이 원칙이었다. 그 물품의 종류, 수량, 납기, 수납처 등은 공안(貢案)에 기재되어 있었다. 그러므로 상급 기관에서 공안에 등재된 것 이외에 별도로 물품을 군현에 배정하는 행위는 불법으로 간주되는 금지 사항이었다. 그렇지만 부족한 재원이나 불시에 발생하는 용도 때문에 필요한 물품을 확보하기 위해 이를 어기고 임의로 물품을 배정하는 경우가 조선시대 내내 일상화되어 있었다."《조선왕조실록 위키》, '복정' 참고.

[187] III-111. 복정(卜定)은 예컨대 다음과 같다. 산간 지방의 고을에서 꿀

둘째는 수령의 지출 문제이다. 전세(田稅)의 읍징(邑徵)으로써 지출되는 수령의 월름(月廩, 월급)과 일봉(日俸, 일급)을 수령은 사용(私用)으로 사용하고 공적 비용으로 돌리지 않으며 공적 비용 지출을 백성에게 전가한다는 것이다.[188] 정약용은 민고(民庫)가 부역 중에서 가장 큰 것으로 보았다.

---

을 징납(徵納)하는 경우. 처음에 복정한 것은 白淸 5斗와 黃淸 1석에 지나지 않았는데, 감영에서 받아들일 때 백청은 10斗가 아니고는 납입할 수 없고, 황청 1석은 2석이 아니고는 납입할 수 없게 된다. 물건 값도 백청 한 말은 쌀 6두에 지나지 않고, 황청 한 말은 쌀 3두에 불과하고, 그것도 환모(還耗, 환곡의 이자)로 회계하는데, 그 환모는 거친 쌀(粗米)이므로, 백청 40두에 대해서도 지출하는 것은 조미 75두일 뿐이다. 수령의 고을에서 아전을 사방으로 보내 꿀을 사들이는 데 비용이 많이 들고, 또 감영에서 납입할 때도 영리(營吏)나 영감(營鑑)들이 뇌물을 요구해서 또 비용이 든다. 그래서 총비용 5~6백냥이 지출되는 데도 대가는 2관(貫)에 지나지 않게 되고 봄·가을 두번 납입하게 되면 비용이 1천냥이 소요된다. 수령은 이 비용을 백성에게 전가했다(III-112). 바닷가 고을(海邑)의 경우에 전복의 복정(卜定)도 이와 같은 것으로 사례를 제시하고 있다.

**188** III-112~113. 예컨대 京司에서 요구하는 것, 하사(賀使, 중국에 가는 축하사절)가 요구하는 것, 동료들 간의 會食, 書院의 수리비, 그리고 처자들을 데려 오기 위한 방 수리나 가마 수리의 사적 비용 등이다.
보주 "조선시대에 중앙 관료들은 근무 대가로 매월 혹은 분기마다 품계에 따라 일정액의 녹봉(祿俸)을 받았다. 그러나 지방의 군현이나 군진 또는 역(驛)을 맡은 관리들에게는 녹봉이 지급되지 않았다. 대신 관아에 딸린 토지의 소출이 돌아갔는데 그것이 바로 봉름(俸廩)이었다. 봉름은 수령의 복무 대가로 지급되었다. 이것으로 수령은 가족들을 부양하거나 개인적인 용도에 사용하였다. 그런가 하면 봉름은 세금을 보조한다거나 관사를 수리하는 것과 같은 공적인 용도에 사용되기도 하였다. 지출 내역은 반드시 문서에 기록해 놓았다가 연말에 중앙에 보고해야만 하였다."《조선왕조실록 위키》, '봉름' 참고.

"옛날에 말(斗)과 되(升)로 되던 것을 지금은 불어서 동이(缶)나 섬에 담게 되었고, 옛날에 저울 눈 한 눈 두 눈 달던 것을 지금은 늘어서 큰 저울로 달게 되었으며, 옛날에 불과 한 두 차례 거두던 것이 지금은 범의 아가리처럼 탐욕을 부려 살을 깎고 골수를 파헤쳐서 백성들이 살아갈 수 없게 되었다."[189]

민고의 징수 방법도 지방마다 다르게 규례화되었다. 세미(稅米)와 함께 섞어 징수하기도 하고, 환곡과 장부로 처리하기도 하고, 봄 가을로 나누어 징수하고 연말에 가서는 추가 징수하고 하였다. 또한 그 징수의 대상도 문란하여 양반들에게도 함께 거두기도 하고, 하호(下戶)에만 치우치기도 하고, 혹은 관에서 본전을 지급했는데 헛된 장부를 꾸며 이자를 요구하고, 혹은 동리에 계전(契錢)이 있는데 유력한 자의 손에서 녹아 없어지기도 한다. 오직 사람의 머릿수를 세어서 곡식 거두어 가듯 마음 내키는 대로 하며, 이 때문에 농토는 더욱 황폐해 가고 호구(戶口)는 자꾸 줄어들어 가게 되어 그 병폐가 이보다 심한 것이 없다는 것이다.[190]

민고의 수취에서도 물론 아전은 그들의 이익을 추구하게 된다. 아전이 결렴(結斂)을 주장하고 호렴(戶斂)을 반대한다. 정약용은 아전이 호렴을 반대하는 이유를 세 가지로 들었다. 첫째 방고(防顧)이다. 결역(結役)이 무거우면 방납(防納)의 가격이 높아지

---

[189] III-117.
[190] III-116~117.

기 때문에 그들이 사취할 액수가 높아질 가능성이 크다. 둘째 적고(籍顧)이다. 호렴(戶斂)을 실시하면 허호(虛戶)가 드러날 것이며, 호적제도가 정비되면 촌락에서 아전에게 바치는 뇌물이 없어지게 된다.[191] 셋째는 계고(契顧)이다. 호렴을 실시하면 계방(契房)이 허물어지며, 계방이 허물어지면 추결(抽結)하기가 어려워진다. 따라서 아전들은 어떤 핑계를 대어서든 결렴(結斂)을 주장한다는 것이다.[192]

민고(民庫) 중에서 고마고(雇馬庫)의 폐해가 상당히 심하였던 것 같다. 이 고마고는 국전(國典)에도 없는 것인데도 그 이해관계가 수령에게 직접적으로 관련되고 있다. 대체로 수령이 임지로 갈 때 이미 세마가(刷馬價) 3백냥이 국고에서 지출되고, 또 행차 때마다 저치미(儲置米)에서 5~6석이 회계되고 있는데도 또다시 민고(民庫)에서 고마비를 지출하게 한다. 10리(里)마다 1전 5푼이며, 1백리 이상인 경우에는 1백리마다 2냥을 지급하는데,[193] 이것이 모두 수령의 출장비 명목으로 수령의 수중으로 들어가게 된다. 특히 살인 사건이 발생하면 이웃 고을의 수령이 세번씩 추고(推考)하게 되어있는데, 저치미(儲置米)에서 공비(公費)로 지출하는데도 불구하고 (또 매번 꼭 출장가지 않으면서 문서 보고만 하고 그 출

---

**191** 호렴(戶斂)을 하자면 호적이 바로 정비되어야 한다. 호적 작성 때부터 아전의 개입에 의한 사취의 근거를 만들어 놓고 있기 때문에 호적 자체가 이미 문란해져 있는 것이다.

**192** III-129. 정약용은 민고의 폐단을 줄이기 위하여 호렴(戶斂)의 방법 실시, 쌀로서 징수하는 것보다 화폐로 징수해야 한다는 것(III-130), 계방(契房)의 혁파(III-122~126), 공전(公田)의 설치(III-140) 등을 제시하고 있다.

**193** III-145.

장비는 모두 받는다) 또다시 고마고(雇馬庫)에서 별도로 60냥(한번 행차마다 20냥씩)을 토색해서 수령이 착복한다. 1년을 동하여 그 돈이 720냥이나 되는데, 이것을 백성들에게 징수하는 것이다.[194]

### (3) 역역(力役)

또한 조선의 백성은 요역(徭役)의 일종으로서의 노동력 부담도 직접 지고 있었으며, 이를 계기로 하는 가혹한 봉건적 수탈이 성행했다.

역역(力役) 중에서 전형적인 봉건적 수탈은 둑을 쌓는 일, 보(洑)막이 하는 일, 저수지의 준설 등이었던 같다. 특히 바다를 막아서 둑을 쌓아 농토를 만드는 것이 대체로 조선 후기에 와서는 궁방(宮房)의 토지 수탈과 연관이 된 경우가 많았던 것 같다. 중앙의 궁방이나 권문(權門)이 지방의 토호나 간사한 무리와 결탁하여 그 가신(家臣)이나 오군문(五軍門)·사복시(司僕寺)·내수사(內需司) 등에서 도장(導掌)을 파견하여 제방을 쌓는데, 제언사(堤堰司)가 중간에 끼이고 그 노력(努力) 동원을 감사와 수령을 통하여 농민 부담으로 한 것이다. 직접 노력을 동원하든지 그렇지 않으면 노력 대신 돈을 납부하게 하여 그 수탈이 대단히 심했다. 또 둑이 완공되면 사람들을 모아 한 취락을 형성케 한 후, 그들의 요

---

**194**  III-146. 이것을 징수하는 것도 다른 부역의 징수와 마찬가지로 백성을 착취하는 것이었다. "고마전(雇馬錢)을 징수하는 날에 이리와 호랑이가 대낮에 횡행하며, 닭과 개들이 밤중에 놀라고, 곳간을 헐고, 솥을 떼어 가고, 짜는 베를 끊어가고, 시렁을 잘라가서 홀아비와 과부들의 곡성이 하늘에 사무치고…".

역을 들어 주면서 소작(小作)케 하여 거기서 나오는 이익을 서울에 있는 궁방이나 권문에서 전유케 하는 것이다.[195] 그리고 둑의 수리에도 이와 같이 백성의 노력을 동원하므로, 농민의 요역 부담이 가중된다. 그리고 보막이와 저수지의 준설에도 이와 같은 수탈적인 노력 동원이 마찬가지였다.[196]

상여메는 부역(객지에서 죽은 벼슬아치를 運喪하는 경우)의 경우에도 아전들이 농간을 부려 함부로 인부를 동원하여 뇌물을 빨아먹고 가혹하게 하는 경우가 있다.[197] 목재를 운반하는 일(임금의 관을 만들 때 사용하는 질이 좋은 소나무인 황장목(黃腸木)[198] 또는 배를 만드는 재목 등)에도 운송 길의 근처 고을에서 노력이 동원되는데 이것이 아전들의 수탈 기회가 된다.[199] 공물(貢物의 수송은 역로(驛路)로 이용되고 있지만, 제주도의 공물만은 운송 길의 근처 고을의 백성들로 하여금 마을의 차례대로 운반하게 하는데 이 부역이 백성들의 부담이 되었다(營力 제공이나 또는 돈을 낸다).[200] 얼음을 저장하는 일에도 큰 고을에서는 그 비용이 돈 3~4백냥이 소비되어 백성들의 부담으로 되었다.[201] 이 외에도 조장(助葬), 가마 메

---

195 Ⅲ-162.
196 Ⅲ-163.
197 Ⅲ-165.
198 보주 속이 누런 좋은 소나무. 금강송이나 적송은 모두 일본의 말이다.
199 Ⅲ-166.
200 Ⅲ-167. 또한 제주도에서 말을 공납하는 데도 제주도 사람이 육지에서도 서울까지 말을 몰고 가는데, 그 길의 근처 고을에서 비용을 부담한다. 그것을 구마조(駒馬租)라 한다(Ⅲ-168).
201 Ⅲ-169.

는 일(이것은 견여촌(肩輿村)에서 전담하고 다른 요역의 부담이 없었다), 길짐, 성(城)의 수축과 관청의 수리 등에도 부역하게 됐다.[202]

## 5. 군포(軍布)

병역 의무자를 군안(軍案)에 올려(簽丁한다는 뜻) 군역(軍役)의 부담으로서 군포(軍布)를 수취하는 것이 조선 후기에 오면 그 폐단이 극도에 달하였는데, 이것은 전세(田稅)와 환자(還子)와 함께 봉건적 정치체제를 붕괴시키는 모순을 잉태시키는 인자였는데, 정약용은 첨정(簽丁)에 의한 군포의 수취 폐단이 그 극도에 달한 현상을 1803년 강진에서 귀양[203]살이할 때 애절양(哀絶陽)이라는 시로 묘사하였다.

| | |
|---|---|
| 갈밭(蘆田) 마을 젊은 여인 울음도 서러워라 | 蘆田少婦哭聲長 |
| 현문 향해 울부짖다 하늘 보고 호소 하네 | 哭向縣門號穹蒼 |
| 군인 남편 못 돌아옴은 있을 법도 한 일이나 | 夫征不復尙可有 |
| 예부터 남절양(男絶陽)[204]은 들어보지 못했노라 | 自古未聞男絶陽 |
| 시아비 죽어서 이미 상복 입었고 | 舅喪已縞兒未澡 |
| 갓난 아인 배냇물도 안 말랐는데 | |

---

202   III-161 및 170~171.

203   보주 귀양(歸養)은 집으로 돌려보내 어버이를 봉양하게 한다는 뜻이나 사실은 먼 곳으로 유배를 보내는 형벌을 뜻한다.

204   남자의 생식기를 자르는 것. '애절양'은 '양, 즉 남근을 자른 것을 슬퍼함'이라는 뜻이다.

| | |
|---|---|
| 삼대(三代)의 이름이 군적(軍籍)에 실리다니 | 三代名簽在軍保 |
| 달려가서 억울함을 호소하려도 | 薄言往愬虎守閽 |
| 범 같은 문지기 버티어 서 있고 | |
| 이정(里正)이 호통하여 단벌 소만 끌려갔네 | 里正咆哮牛去早 |
| 남편 문득 칼을 갈아 방안으로 뛰어 들자 | 磨刀入房血滿席 |
| 붉은 피 자리에 낭자하구나 | |
| 스스로 한탄하네 "아이 낳은 죄로구나" | 自恨生兒遭窘厄 |
| 잠실궁형(蠶室宮刑) 이 또한 지나친 형벌이고 | 蠶室淫刑豈有辜 |
| 민(閩) 땅 자식 거세함도 가엾은 일이거늘 | 閩囝去勢良亦慽 |
| 자식 낳고 사는 건 하늘이 내린 이치 | 生生之理天所予 |
| 하늘 땅 어울려서 아들 되고 딸 되는 것 | 乾道成男坤道女 |
| 말 돼지 거세함도 가엾다 이르는데 | 騸馬豶豕猶云悲 |
| 하물며 뒤를 잇는 사람에 있어서랴 | 況乃生民思繼序 |
| 부자들은 한 평생 풍악이나 즐기면서 | 豪家終世奏管弦 |
| 한알 쌀 한치 베도 바치는 일 없으니 | 粒米寸帛無所損 |
| 다 같은 백성인데 이다지 불공한고 | 均吾赤子何厚薄 |
| 객창에서 거듭거듭 시구편(鳲鳩篇)을 읊노라[205] | 客窓重誦鳲鳩篇 |

소위 군정(軍政)의 문란은 조선 전반기에 번상제(番上制)가 사실상 폐지되고 군적(軍籍)이 수포(收布)의 대장으로 전환되어

---

[205] IV-115~116. 여기서는 송재소(宋載邵) 역주, 『다산시선』, 창작과 비평사, 1981, pp.238~240의 번역을 옮겼다. 이 시는 정약용이 강진에서 다음과 같은 사실을 듣고 지었다고 한다(『목민심서』 '첨정' 편). "노전에 사는 백성이 아이를 낳은지 사흘만에 군보(軍保)에 편입되고 이정(里正)이 못 바친 군포 대신 소를 빼앗아 가니 그 사람이 칼을 뽑아 자기 양경(陽莖)을 스스로 베면서 "내가 이 물건 때문에 곤액을 받는다고"고 하였다. 그 아내가 그 양경을 가지고 관문에 나가니 아직 피가 뚝뚝 떨어졌다. 울며 호소하였으나 문지기가 막아 버렸다."

버린 데다가, 임진왜란 후에는 군제(軍制)가 오위제(五衛制)으로부터 오군문(五軍門)으로 바뀌는 과정에서 새로운 군문이 잡다하게 신설되어 각 군문의 군자(軍資)를 전적으로 군보(軍保)로부터 징수하는 군포(軍布)에 의존하게 되었으며,[206] 이것을 모방하여 각종 아문에서 갖가지 명목을 붙여 수포군(收鋪軍)을 확보하여 경비를 마련하고자 하였다. 따라서 군포(軍布)를 내는 양군(良軍 또는 軍保)의 수가 숙종 초년에 30만명이었던 것이 영조(英祖) 26년(1750년)에 균역법(均役法)을 실시하던 때에는 50만명을 넘어서고 있었다. 균역법의 실시 이전에 군포 징수자의 수가 늘어나서 군포의 징수가 어려워지자 각 아문이 수도군을 유치하기 위하여 군포 2필을 1필로 받는 경우도 허다하였고,[207] 한편으로 부유한 군보(軍保)는 면역받는 방법을 강구하게 되고, 이러한 요인이 겹쳐서, 균역법(均役法)이 실시되고도 백성들의 군포부담은 경감되지 않았다.

균역법(均役法)은 이미 심화되고 있던 군역의 모순을 해결하자는 의도로 제정되었다. 영조 9년에 이르러 비로소 양역변통논의(良役變通論議)가 일어났고, 영조 26년에 이르러서야 균역법이 실시되어 겨우 군포 2필을 1필로 감하게 되었다. 2필에서 1필로 경감된 차이는 군역청(軍役廳)이 은결(隱結, 주로 수령의 수준에서 장악되어 있던 것)을 찾아내고 어염선세(魚鹽船稅, 이것은 官家와 각 아문에서 折受하고 있었다)를 거두고 선무군관포(選武軍官布 즉 遊布稅, 良

---

[206] 이것은 환자(還子)가 경비 조달방법의 성격 변화를 겪는 것과 병행한다.

[207] 서울大學校 東亞文化硏究所編, 『韓國政治經濟學事典』, 新丘文化社, 1976. 「三政의 문란」, p.365.

人으로서 免役하여 놓고 있는 자를 選武軍官이라 하여 이들로부터 군포와는 별도로 징수하는 것)를 거두고 결정(結錢)을 거두어 충당키로 했던 것이다.

  2필에서 1필로 경감되었음에도 불구하고 군적(軍籍)에 올리는 첨군(簽軍)의 액수는 해마다 달마다 증가하였기 때문에, 즉 제반 군문과 아문의 재정조달의 방법이 달리 강구되지도 않았고, 제반 아문의 수포군을 정리하지 않았기 때문에, 재정의 필요와 관속의 부패, 양반 및 토호의 면역 증대로 일반 군보로, 즉 거의 모든 백성들이 군적에 오르는 것으로(簽丁) 이미 군포의 부담이 가중되어 갔다.

### (1) 군포의 종류
#### (가) 군포의 증가

서울에 바치는 군포(軍布) 외에, 순영(巡營)과 병영(兵營)의 군졸, 그 고을의 제번군(除番軍, 番上에서 제외된 군졸), 제고(諸庫) 제청(諸廳)의 사모군(私募軍), 향교(鄕校)와 서원(書院)의 보솔(保率), 사령(使令)과 관노(官奴)의 봉족(奉足), 경주인(京主人)의 보솔, 영주인(營主人)의 보솔, 포호(逋戶, 逋戶를 관리하는 자)의 보솔, 연군(烟軍)의 보솔, 영장(營匠)의 보인(保人), 읍장(邑匠)의 보인, 삼색보(三色保)·사색보(四色保)·죽보(竹保)·칠보(漆保)·지보(紙保) 등등이 있다.[208] 공사(公私) 간의 잡색군(雜色軍)이 천가지 만가지 기기괴괴한 것이 불어나고 있었다. 정약용은 균역법 실시 초기와 비교하면 자기가 살던 당시에는 4배는 될 것이라고 하였다.

---

[208] IV-112.

### (나) 군포의 분화

앞서 언급된바와 같이 군역의 종류가 증가하자, 원래 양역(良役)이었던 것에서 천인(賤人)만이 부담하는 천역(賤役)도 생겨났고, 따라서 부담이 무거운 것과 가벼운 것으로 잡다하게 분화하기도 하였다.

포수보(砲手保, 正兵인 砲手의 保人), 군향보(軍餉保, 軍糧米를 관리하는 자의 保人인 듯하다), 어영보(御影保, 御影厅 소속의 보인). 금위보(禁衛保. 금위영 소속의 보인) 등은 미 (米)나 포(布)를 바치고 잡징(雜徵, 즉 物故債, 付標債, 査正債, 改案債 등)을 부담하는 무거운 군역이다. 악공보(樂工保, 樂工을 지원하는 보인), 관장보(官匠保, 邑匠保와 같음), 선무군관(選武軍官) 등은 1년에 돈 2냥을 바치고 잡징을 적게 부담하는 가벼운 군역이다. 기병(騎兵)·보병(步兵)·경포수(京砲手)·어영군·금위군 등은 양역(良役, 무거운 군역)이며, 속오군(束伍軍)·별대군(別隊軍)·수군(水軍)·아병(牙兵, 수령의 호위군) 등은 모두 천역(賤役)이다.[209]

그리고 본읍에서 사사로이 정하는 군역에는 제번군관(除番軍官)과 군현에 있는 각 기관에서 뽑은 보솔(保率), 교생(校生)·원생(院生)의 교보(校保)·원보(院 保)·경주인보(京主人保)·영주인보(營主人保), 그리고 관노(官奴)·사령(使令)·통인(通引) 등에 대한 봉족(奉足) 등 고을마다 가지각색으로 다른데, 이것들은 일단 군적(軍籍)에 올려지면 움직일 수 없는 것으로 되어 버렸다.[210]

---

**209**   IV-134.
**210**   IV-134~135.

## (2) 군역의 도피

군역의 모순이 심화되고 군포의 부담이 일반 백성에게 가중된 것은 양반(兩班)은 군역이 면제된 것도 중요한 하나의 원인이었다. 토호나 부호한 군보는 모두 군역을 면하고자 하였는데, 봉건적 지배체제는 지방의 수준에서 그들에게 군역의 도피처를 제공하고 있었다.

첫째 족보(族譜)를 위조하거나 직첩(職牒)을 협작하는 것이다. 귀족들의 보계(寶系)를 훔쳐서 그 후손이 없는 파(派)를 택하여 혈연(血緣)이 닿지 않는 씨족에 접속시켜 양반임을 위장해서 면역하려 한다. 어떤 자는 종반(宗班)의 자손으로 가난하고 의지할 데 없는 자가 가지고 있는 『선원보략』(璿源譜略)[211]의 진본을 사서 후손이 없는 파에 그 조상의 이름을 대어 그 서법(書法)과 각법(刻法)을 본떠서 만든다. 또한 충훈부(忠勳府)와 종부시(宗簿寺)에서 그 서리(書吏)들은 그들의 생활방도를 오직 거짓 족보에 의거하여 엄격한 관문(關文)을 발송해 놓고 윤필(潤筆)한 값을 토색하는 데서 구한다. 수령은 이에 따라 면역시키게 된다. 또한 조상의 직첩(職牒)이 많은 가난한 집에서 성이 같은 자들이 그것을 사서 그 직첩의 장본인이 자기 조상인 양하여 양반임을 내세우고 면역하려고도 했다.[212] 또 호적에 양반 신분의 유학으로 등록하

---

**211** 보주 "『선원계보기략』은 조선시대 왕실 족보이다. '선원(璿源)'이라는 용어는 '아름다운 옥(玉)의 근본'이라는 뜻으로, 왕실 조상의 계통을 이르는 말이다."『선원계보기략』은 1679년(숙종 5)에 처음 편찬되어 1931년까지 100여 회 수정 보간됐다. 《우리역사넷》, '선원계보기략' 참고.

**212** IV-144~145.

여 유학을 모칭하기도 하였다.

둘째, 향교(鄕校)의 교생(校生)은 액내(額內) 액외(額外)의 구별은 있었지만 대체로 군보(軍保)의 도피처였다. 지방 수령이나 향교의 유생(儒生)이 경제적 필요가 있을 경우 금품을 받고 교생을 모집하였고 심지어 강제로 교생을 만들기도 하였다(이것을 納物校生이라 한다).

셋째, 서원(書院)의 원생(院生)도 군역의 도피처이다. 서원촌(書院村)의 백성은 군포를 내지 않았는데, 그것은 향교와 서원에는 보솔(保率)의 정액(定額)이 있는데(『속대전』에 향교는 40명, 사액(賜額)서원은 20명 정원으로 규정), 여기에 더 숨겨 군역을 면제케 한 것이다.

넷째, 위와 같이 투탁하여 면역하는 경우가 많았다. 예컨데, 역촌(驛村)에 투탁하는 경우, 토호가 비호하고 있는 노속(奴屬), 묘호(墓戶)에 투탁하는 경우, 목호(牧戶, 官營 牧場 소속의 民戶)에 투탁하는 경우 등이다.[213]

다섯째, 계방촌(契房村)도 군역의 도피처이다.

### (3) 가혹한 첨정(簽丁)

이와 같이 부유한 가호(家戶)와 호민(豪民)들은 권력과 재력을 바탕으로 면역의 길을 찾아나가게 되어 결국 궁민(窮民)이 한 집안에 4부자(父子)가 군안(軍案)에 올라가든지 혹은 한 사람에게 3~4인의 군역을 첩역시키든지 하니 군포를 거두게 되는 최초의 절차

---

[213] IV-140~141.

인 첨정(簽丁)²¹⁴이 가혹하게 진행될 수밖에 없게 되는 것이다.

법에는 4부자(父子)의 군역은 그 중 한 사람에게 면역을 허락한다고 규정되어 있고, 또 황구충정(黃口充丁)의 경우에 수령을 논죄한다고 규정되어 있으며, 또한 백골징포(白骨徵布)의 경우 수령을 논죄한다고 규정되어 있다. 그러나 실제로는 백성들은 8부자(父子)가 군역을 지더라도 감히 원망치 못하며, 태어난지 3일 이내에 군안에 올리더라도 감히 원망치 못한다. 황구충정(黃口充丁)은 곧 어린아이를 군역에 충당하는 것을 의미한다. 백성들의 실정으로는 오히려 백골징포(白骨徵布, 죽은 사람에게 계속 군포를 징수하는 것) 당하기를 택한다. 왜냐하면 아비가 죽어서 자식이 군역을 대신하는 경우에 신고해서 군적을 개정하는 과정에서 엄청난 부담을 저야 하기 때문이다. 즉 잡징(雜徵)을 당해야 하는데, 물고채(物故債, 군역 의무자의 사망신고 때 부당하게 징수하는 돈)·부표채(付標債, 사망신고서를 받아 그것을 군적에 표시하는 대가로 부당하게 징수하는 돈)·사정채(査正債, 사망자와 代丁者를 확인할 때 징수하는 돈)·도안채(都案債, 정식으로도 군안에 改錄할 때 내는 돈), 그리고 이 외에도 마감

---

**214** 보주 簽은 '이름둘 첨'으로 '서명하다', '이름을 올리다'는 뜻이다. 첨정은 군역 대상자 명단에 이름을 올리는 것이다. 조선에서 병역은 16~60살 남자의 부역이었다. 황구첨정(黃口簽丁)은 아기를 군역 대상에 올리는 것이고, 백골징포(白骨徵布)는 죽은 사람의 이름을 그대로 두고 군역을 대신하는 베를 거둬가는 것이고, 인징(隣徵)은 이웃에게서 거둬가는 것이고, 족징(族徵)은 친척에게서 거둬가는 것이다. 1800년에 정조가 죽고 조선은 극소수 양반 세도가들의 나라가 되었고, 삼정의 문란으로 백성들은 계속 삶의 벼랑 끝으로 내몰렸다. 양반 세도가들은 거대한 비리 세력이 되었고, 결국 일본에 매국하는 최악의 비리를 저질렀다.

채(磨勘債, 査正을 마친 뒤에 부당하게 바치는 돈)·군안채(軍案債 또는 改案債, 군안을 고치는 수고의 명분으로 부당하게 받아내는 돈)등 여러 가지 명목으로 잡징하고도 군포의 납부는 종래와 같기 때문이다.[215]

1근(根)의 군역에 5~6명을 첨정(簽丁)하는 사례도 있었다. 가령 포보(砲保) 이득춘이 사망하였는데 자손이 없어서 그 과부로부터 군포를 거둔다(한 차례의 징수). 이득춘의 조카가 다른 면(面)에 살고 있는데, 아전이 이것을 수령에게 보고하여 패첩(牌帖)을 내어 군포를 징수한다(이것은 첩징이다). 이득춘의 대충(代充)은 이미 오래전에 다른 사람을 첨정(簽丁)보충하였는데, 세번째 달리 첨정된 사람이 혹은 종반(宗班)의 후예라든지 공신(功臣)의 후예라 칭하여 수령에게 제소하면, 수령은 군역의 면제를 허락하고 군리(軍吏)에게 돌리고 군리는 향갑(香匣)을 시켜 그 대충(代充)을 첨정하여 보완토록 한다. 네번째 첨정된 사람이 혹 첨역이라든지 나이 어리다든지 제소하면, 수령은 이를 또 받아들이며 순리에게 다시 대충하라고 하고, 군리는 또 향갑에게 그 대충을 첨정하여 보완토록 한다. 다섯번째 첨정된 사람은 교생(校生)이라 하여 군역을 벗고자 하거나 혹은 모록(冒錄)이라 하여 버틴다. 이리하여 대충 첨정은 미결된 상태에 첨정 보충된 사람은 몇 사람이 되지만 어느 누구도 군안에 올려지지 않는다. 이즈음에 군포를 징수하는 때가 되면 군리(軍吏)는 다섯 곳에 모두 동시에 군포징수를 통지한다. 과부는 항의치 않고 군포를 징수한다. 조카는 와서 항의해도, 군리가 수령에게 말하기를 이 군역은 아직 대충자가 없기 때문에 금년의 군포는 그 조카가 마땅히 납부하여야 하며 다

---

[215] IV-113~114, 125~132.

른 방도가 없다고 하면, 수령은 그렇게 하도록 지시한다. 세번째, 네번째, 다섯번째 사람들이 모두 이렇게 제소하지만, 두번째의 조카처럼 모두 금년의 군포는 납부해 주어야 한다고 한다. 이렇게 하여 군역 1근(根)에 군포 징수가 다섯 차례, 여섯 차례에 이른다.[216]

노회한 향승(鄕丞)이 첨정할 때 제소하는 자가 있으면, 그에게 첨정에서 제외시켜주겠다고 하고 뇌물 3관(貫, 30냥)을 받는다. 이 돈으로 향승은 미·포(米·布)를 구해다가 그 사람의 군포를 납부하는데, 그것을 몇 년 동안 계속하다가 그만둔다. 이렇게 되면 다시 그 사람에게 군포를 납부하라는 징포첩(徵布帖)이 날아 들어가는데, 그가 그 향승에게 가서 따지면, 향승은 자기는 당시에 면제시켜 놓았는데 아마도 군리(軍吏)가 농간을 부린 것 같다고 핑계댄다. 그 사람이 사정을 알아보려 군리·저졸·향갑 등을 찾아가 보아도 사람이 바뀐 지가 몇 번이나 된다. 향승이 뇌물 3관을 받아 2관은 자기가 먹고 1관을 가지고 4년 동안 군역에 응했던 것이다. 이러한 향승이 1년에 맡아 바치는 포가 10필이면 돈 300냥을 받아서 2/3는 자기가 먹고 나머지를 남겨 그렇게 했던 것이다.[217]

### (4) 군포계(軍布契)와 역근전(力根田)

군역이 이미 군포 징수로 전환되고, 또 군역의무자에 대한 대충(代充)에서 오는 토색의 폐단이 심해지고, 족징(族徵)·인징(隣徵)

---

**216** IV-129~130.

**217** IV-131~132.

의 모순이 심해지자, 백성들은 스스로 대응하는 방법을 모색하게 되었는데, 그 중에서 가장 두드러지게 나타난 것이 군포계(軍布契)와 역근전(力根田)이었다.

### (가) 군포계(軍布契)

군포계는 군포를 공동으로 부담하는 방법인데, 이것은 평안도와 황해도에서 발전하였다. 정약용이 기술한 바에 의하면 다음과 같다.

> "군포계(軍布契)라는 것은 1백호가 사는 마을이 상족(上族)과 하족(下族)을 막론하고 모두 돈 1냥씩을 내어 원금(元金)과 이자를 불려서, 한 해에 불어난 그 이자를 거두어 군미(軍米)와 군포를 납부하는 것이다. 이 계가 이미 설치되매 군석에 오른 장삼이사(張三李四)는 모두 가명으로 충당된 것이고 허록으로 만들어진 것이다. 이미 죽은 사람도 그 이름이 남아 있거나 본래 있지도 않은 사람의 이름을 허작(虛作)하기도 하였다. 군포계에 들어가는 날 그 나이 15세인데, 15세 동자(瞳子)의 이름을 차용하여 관청에 파기(疤記, 疤는 얼굴의 흉터 같은 것으로 이것을 군적에 기록하는 것)를 바치고 46년 동안 무사히 군역을 치러 61세에 이르면 이에 노제(老除)한다. 또 다시 거짓 이름을 지어서 46년 동안 무사히 군역을 치르게 한다. 그 마을의 군액이 20명이면 20명 모두 허록이며 30명이면 30명이 모두 허록이니, 이것이 서로(西路)의 군포계법이다."[218]

---

218   IV-118.

이 계를 처음 설치할 때 조관(朝官) 집도 한 몫, 향관(鄉官) 집도 한 몫, 군관·교생(校生) 집도 한 몫, 사노(私奴)나 하예 집도 각각 내었으므로, 일종의 호포(戶布) 내지 구전(口錢)의 원리와 방법을 취한 것이었다.[219]

남쪽 지방에는 이러한 계가 있다고 하더라도 아주 정비되어 있지 못하여, 한 마을에 3~6명은 실재하는 사람이며, 실재하는 이름으로 군역을 치르고 있다. 또 이러한 계(契)가 없기도 하며, 혹 있어도 계의 이름이 대동계(大同契)라 하기도 하고 보역계(補役契)라 하기도 한다.[220]

### (나) 역근전(役根田)

군보전(軍保田)이다.

"어영청(御營廳)의 보인 이모(李某)가 먼 고을로 이사하려고 하는데, 그 마을 사람이 붙잡고 말하기를 "자네가 이미 이사를 했다 해도 군역은 그대로 남는다. 군역이 그대로 남으면 이 마을의 손해다. 군포는 장차 누가 납부한단 말인가? 자네는 이점을 생각하게"라고 한다. 드디어 그 전지를 마을에 소속시켜 해마다 그 벼를 거두어 군포로 납부하니 이것이 이

---

[219] IV-120.

[220] IV-118. 이 군포계는 철종 13년(1862)에 농민 반란이 일어나자 남부 지방(三南地方)에도 실시하기에 이르렀는데, 이것을 동포법(洞布法)이라 불렀다. 파기를 폐지하고, 일동(一洞)에 부과된 군포를 일동에서 반상(班常)의 구별없이 평등하게 부담하라는 것이었다(「韓國政治經濟學事典」"三政의 문란", pp.367-368).

른바 역근전이다. 금위영(禁衛營)의 보인 김모(金某)가 온 가족이 모두 죽었는데 마을 사람들이 그 전지와 재산을 마을에 소속시켜 군포미(軍布米)를 납부하니 이것이 이른바 역근전이다."[221]

「경국대전」(經國大典) 호전(戶典)에 군역이 있는 자가 죽거나 이사하면 그 사람의 전지를 체립(遞立, 군역을 대신 지는 것)하는 자에게 준다고 규정했기 때문에, 이 법을 시행해 오는 사이에 한번 체립되고 두번 체립되는 동안에 마침내 공전(公田)이 되어 버린다. 가난해도 팔지 못하고 죽어도 감히 자식에게 상속도 못해서, 한 뿌리가 이미 굳어지고 또 두 뿌리가 생겨서 한번 역근전(役根田)이 되면 끝내 이동이 없는 것이므로, 전지(田地)없는 군역이 있을 수 없다. 그러므로 군역이 겉으로는 백징(白徵)[222]같아도 실제로는 모두 근거되는 전지가 있는 것이고, 특히 이갑(里甲)이 굳이 숨기는 까닭에 수령이 자세히 파악하기 힘들다는 것이다.[223]

군적(軍籍)의 설치가 이미 군포를 거두기 위한 것으로 변질되어 버렸기 때문에 군포계와 역근전의 대응에서 군안(軍案)에 실린 이름이 모두 허록(虛錄)되었다. 따라서 군적을 바로 잡겠다든지 하여 첨정(簽丁)을 하게 되면, 백성들이 대응한 것까지도 그 기반부터 파괴해 버리고 아전들의 농간과 착취가 군정의 모순을

---

221  IV-120.

222  보주 농사를 지을 수 없는 땅(白地)에 세금을 부과해 징수하는 것, 백성에게 억지로 세금을 부과해 징수하는 것을 뜻한다.

223  IV-121.

더욱 심화시키게 된다. 그렇기 때문에, 정약용은 "이미 미포(米布)를 거두었으면 군적은 잊어 버려도 좋을 것이다"고 [224] 하였으며, "노제자(老除者)의 경우에는 아들·사위·아우·조카로 대신 군역을 충당케 하고 그 본대 허록자의 경우에는 또 허명을 만들어 대신 군역을 충당케 하는 것이 다 폐단없는 좋은 법이니 금지할 필요가 없다"[225]고 하여, 7월 초에 도망자·노제자(老除者)·사고자를 모두 대충(代充)하여 첨정하더라도 모두 허록대로 하고, 본명대로 첨정하게 되면 군포계나 역근전도 모두 붕괴시키게 될 것이라고 하였다.

말하자면 군포계나 역근전이 있더라도 군안(軍案)이 이미 허록이기 때문에 마을에 한 사람이라도 실재의 사람을 세워 놓으라고 하면, 이 기회에 군리(軍吏)가 농간질을 얼마든지 할 수 있다. 재산이 조금이라도 있는 집안을 살펴서 군정(軍丁)에 충당한다고 위협한다.

"군역이 있는 자와 없는 자, 아이가 있는 자와 없는 자 모두가 침해를 받지 않는 자가 없다. 교생(校生) 가운데 넉넉한 자와 토족(土族) 가운데 약한 자에게는 모록(冒錄, 호적에 幼學이라고 冒稱한 것)이라고 부르면서 공갈한다. 백성 가운데 본래 천한 자는 이미 천한 자라 슬퍼하면서도 부끄러워할 것은 없지만 모록(冒錄)하여 스스로 아끼는 자는 근본이 이미 깨끗한 것으로 되어 있으므로 부끄러워 죽고 싶은 심정이다.

---

[224] IV-120.
[225] IV-124.

소문만 퍼지지 않으면 재물을 아까워하지 않을 것이다. 이에 전지를 팔고 소도 팔아 군리(軍吏)에게 바친다. 바친 자는 다소 편안하게 되지만 바치지 않은 자는 더욱 시달려서 가마솥도 내어 팔고 베자치도 다 내어 팔아서 다소 편안해져서 또한 무사하게 된다."[226]

실제로 가난한 자는 결국 미욱하게도 곤장을 맡고 첩역(疊役)까지 지게 된다. 첨정(簽丁)만 하지 않는다면 인징(隣徵)·족징(族徵)이 있더라도 납부액은 그 한도에 그칠 것이고, 군정을 막고 첨정을 하게 되면 뇌물이 군리(軍吏, 매년 군정을 口定한다), 향승(鄕丞), 향갑(鄕甲, 저졸(邸卒, 面主人)에게 들어가게 마련이며, 모록(冒錄)의 면제, 횡침의 면제(富民의 경우), 첩역(疊役, 군역을 지는 자가 또 군역을 지는 것)의 면제, 물고채·부표채·사정채·마감채 등 많은 돈이 국가에는 들어가지 않고 고을에서 사라져 버리게 된다.[227]

"혹 한 마을의 백성이 모두 뇌물을 바쳐 군역을 면하고자 하면, 곧 그 마을 속속에부터 또 허명(虛名)을 만들어 다른 허명을 대신하게 된다. 그 물고채·부표채·사정채·마감채·도안채 및 금년의 군포는 모두 그 마을에서 마련해내게 되니 마침내 역근전(役根田)을 팔아서 그 비용에 충당하게 된다.

---

**226**  IV-121.

**227**  IV-125. 정약용은 전라도 나주군에 속해 있던 남평현(南平縣)의 경우를 예로 들면서, 그 곳 군액(軍額)이 3천명이니 대략 배성이 돈 6,600냥을 내면 군액을 부담할 수 있겠으나 군정을 정비한다고 해서 첨정하면 그곳에 들어가는 돈이 6만냥 이상에 달할 것이라고 하였다.

이후부터 진짜 허록이 되어 해마다 군포는 민호에서 터놓고
거두게 된다."²²⁸

## (5) 번상(番上)

군역이 이미 군포납부로 대체되었지만, 한편으로 각종 군인을
번상(番上)시키고 있었는데, 기병(騎兵)·어영군(御營軍)·금위군
(禁衛軍)의 번상은 큰 고을에 혹 60명이 징집되고 작은 고을에는
30~40명이 징집됐는데, 대개의 경우 전부터 번상하는 군인이 얼
마쯤 있었으나 새로이 첨정된 군인이 많았으며, 또 각종 군인은
궐액(闕額, 미리 정한 액수보다 모자란 액수)이 많고, 궐액이 아니더라
도 당장 번상하지 못할 사정에 있는 사람이 많다. 어쩔 수 없는
경우에는 면역(免役)을 시키게 되지만, 번상을 메꾸려는 데에 각
종 노략질이 개재한다.

"상부의 군영에서 관문이 내려올 때마다 군리들은 기뻐 날
뛰며 바라던 때를 만난 것처럼 한없는 욕심을 채우려고 한
다. 한편으로 수리(首吏)에게 아첨하고, 한편으로 향갑(鄕甲)
을 돌보아 주며, 한편으로 저졸(邸卒: 面主人)과 짜고 … 이에
한 명을 첨정하는 것이 1백가(家)를 침해하니 10명을 뽑는

---

**228** IV-120. 이 외에도 서울에 군포를 납부하러 갔다가 시골에서 가져간
군포가 서울 영문(營門)의 하속(下屬)들로부터 퇴짜를 당하여 서울의 시전
(市廛)에서 가져간 것을 반값으로 팔고, 그곳에서 파는 것을 비싸게 사서 납
부하고 영문(營門)에 준 인정전(人情錢)까지 해서 그 비용이 많이 나게 되면
다시 고을에서 그 지출비용을 거두어들이는데, 많은 경우 1천냥이고 적은 경
우가 500냥이 된다는 것이다(pp.IV-142~143).

것은 1천가(家)에 소요와 해독을 끼쳐 온 마을이 소란해지고 난리를 만난 것 같다. 심한 경우 수령이 이 일에서도 뇌물을 먹는데, 수령이 10관(貫)을 먹으면 아전은 1백관을 받게 되니..."[229]

수령이 공적으로 면제해 주더라도 아전은 자기의 덕택이라 하여 뇌물을 챙기기도 한다.

"농사에 힘쓰는 백성은 가계는 가난하지 않으나 여러 가지 일이 얽혀서 하루도 집을 떠날 수 없으므로 실로 수령에게 호소할 형편이 되지 못하는데, 아전은 저졸(邸卒)을 시켜 남몰래 찾아내어 수백 건을 모아 가지고 이를 기회로 삼아 사사로이 저졸들을 보내 은근히 공갈하여 무거운 뇌물을 토색질한다."[230]

그 농민은 1년의 변상 때문에 폐농하게 되면 그 손해가 막심하다고 생각하고 돈 5관(貫:50냥)을 뇌물로 써서 이 문제를 해결한다. 수리(首吏)와 군리(軍吏)가 각각 돈 2관을 받고 향갑과 저졸은 각각 5냥씩을 받는데, 이것이 일반적인 예라는 것이다.

---

[229] IV-146.
[230] IV-147.

## Ⅲ 농민의 생활양상

### 1. 경제 생활의 분화

#### (1) 소작농의 증가

앞에서 살펴봤듯이, 18세기 말엽에서 19세기 초엽에 이르면 부호 겸병자(富豪兼倂者)들의 토지집적이 성행해서 자작농이 소작농화하고 지주제가 확산되어 무전 소작농(無田小作農)이 8할이나 되었다. 정약용의 표현대로, 19세기 초 호남 지방에서는 100호(戶) 가운데 농지를 대여하여 지대를 수취하는 자는 5호이고, 자기 토지를 경작하는 자는 25호이며, 타인의 토지를 차경(借耕)하는 자는 70호라고 하여 그 비율을 말하고 있다.[231] 이에 따라 농민층의 분화 현상은 두드러져서, 토지소유의 기준에 따라 몇 가지 계층이 분화되어 나왔다.

---

**231** 정약용, 「여유당 전서」 중 '의엄금호남제읍전부수조지속차자'(擬嚴禁湖南諸邑佃夫輸租之俗箚子). 이런 부분에 대한 논급에 대해서는 김용섭, 위의 책, pp.12-13를 참조.

보주 이 긴 제목의 글은 '호남 여러 고을들의 소작료 풍속을 엄금할 것을 청하는 상소'로 옮길 수 있다. 전부(佃夫)는 소작농, 수조(輸租)는 소작료, 차자(箚子)는 임금께 올리는 간단한 상소문을 뜻한다.

우선 정약용은 당시의 전지(田地)가 "모두 60만 결(結)이 되고[영조 기축년(英祖 己丑年, 1769년) 8도(道)의 기간(起墾)된 수전(水田)이 343,000결(結)이고, 한전(旱田)이 457,800결인데 간사한 아전들이 누락시킨 수와 산전(山田)·화전(火田)은 이에 포함시키지 않았다], 인민이 대략 8백만 명이다[영조 계유년(英祖 癸酉年, 1753년)에 서울과 지방 인구가 730만이 조금 못되었으니 그 당시에 누락된 인구와 그 동안에 출생한 사람을 계산하여도 70만을 넘지 않았을 것이다]"[232]고 추정했다. 이어서 "가령 10명을 1호로 치면 1호마다 전지(田地) 1결은 차지한 다음이라야 살림이 고르게 된다. … 지금 문관(文官)과 무관(武官)으로서 높은 벼슬을 한 자와 마을 부자들(閭巷富人) 중에 한 집에 곡식 수천 석을 소득하는 자가 매우 많다. 그들의 전지를 계산하면 100결 이하는 되지 않을 터인즉, 이것은 990명의 명맥을 해롭게 하여 한 집이 이롭게 된 것이다. 나라 안의 부유한 사람으로서 영남 최씨와 호남 왕씨가 있는데 그들은 곡식 만석을 추수하고 있다. 그들의 전지(田地)를 계산하면 400결(結) 이하는 되지 않을 터인즉, 이것은 3,990명의 명맥을 해롭게 하여서 한 집만 이롭게 된 것이다."[233]

정약용은 이런 분석에 따라 19세기 전반기는 대체로 "9결

---

[232] 보주 현재 18세기 말 조선의 인구는 대체로 1500만 명에 이르렀을 것으로 추정된다. 당시 호구 조사방식의 문제와 삼정의 문란으로 누락된 호구가 30%를 넘었을 것으로 추정된다. 조선 시대의 '호구 통계' 자료와 그 문제에 대해서는 《우리역사넷》의 '인구의 증감'을 참고.

[233] 정약용, 「여유당 전서」 중 「田論」. (李翼成 역, 「茶山 論叢」, 을유문화사. 1972 「전론」 p.16).

(結) 이상의 농지를 소유한 농민은 지주층이나 부농층, 50부(負) 내지 1결을 소유한 농민은 중농층, 25부 내지 50부를 소유한 농민은 소농층, 25부 미만을 소유한 농민을 농민은 빈농층"으로 구분된다고 했다.[234]

어쨌든 이 구분에서 빈농인 소작농의 경우, 앞에서도 인용되었듯이, 1결의 논에서 수확하는 곡식이 많으면 800두요 적게는 600두, 더 적게는 400두일 뿐인데, 농민의 대부분을 구성하는 소작농은 식구의 식량, 품삯을 치러야 하고, 또 추수 때가 되면 수확의 반을 지주에게 넘겨줘서 600두를 추수해도 300두뿐인데, 종자를 빼고 빚을 갚고 세전(稅錢)의 양식을 빼면 남는 것은 100두도 되지 않으니,[235] 부세를 긁어가고 나면 남는 것이 있을 수 없는데다가, 소농 내지 빈농은 1결의 농지 규모에 2~3호가 들어가야 하고, 또 소작농도 극히 부분적으로 대규모 영농이 있다고 하더라도 대개의 경우는 소규모 경영이었기 때문에 수취와 착취의 가중 속에서 빈곤의 사슬에 매이지 않을 수 없는 것이다.

정약용은 수취와 착취의 가중으로 빈곤의 사슬에 매여서 살

---

**234** 김용섭, 위의 책, p.6. 뒤에 다른 사람들이 행한 비슷한 같은 구분의 예를 보면 다음과 같다(김용섭, 위의 책, p.10).

① 허전(許傳, 1797~1886): 上戶·下戶·小戶·貧戶·淺戶·独戶·乞戶; 上戶·下戶는 토지 소유자 중에서의 빈부 구분이며, 貧戶·淺戶는 산업이 없는 자, 独戶·乞戶는 無田者 중에서도 특히 의탁할 곳이 없는 농민을 구분한 것임.

② 강위(姜瑋, 1820~1884): 1結 이상의 토지소유자를 上戶. 50負 이상을 中戶, 그 이하의 토지 소유자와 無田者를 下戶.

**235** Ⅱ-253.

아가야 한 소농-빈농의 참상을 다음과 같이 시로 표현했다.[236]

| | |
|---|---|
| 시냇가 헌 집 한 채 뚝배기 같고 | 臨溪破屋如瓷鉢 |
| 북풍에 이엉 걷혀 서까래만 앙상하네 | 北風捲茅椽髐髐 |
| 묵은 재에 눈이 덮여 부엌은 차디차고 | 舊灰和雪竈口冷 |
| 체 눈처럼 뚫린 벽에 별빛이 비쳐드네 | 壞壁透星篩眼谽 |
| 집안에 있는 물건 쓸쓸하기 짝이 없어 | 室中所有太蕭條 |
| 모조리 팔아도 칠팔푼이 안되겠네 | 變賣不抵錢七八 |
| 개꼬리 같은 조 이삭 세 줄기와 | 尨尾三條山粟穎 |
| 닭 창자같이 비틀어진 고추 한 꿰미 | 雞心一串番椒辣 |
| 깨진 항아리 새는 곳은 헝겊으로 때웠으며 | 破甖布糊敝穿漏 |
| 주저앉은 선반대는 새끼줄로 얽었도다. | 庋架索縛防墜脫 |
| 구리 수저 이정(里正)에게 빼앗긴지 오래인데 | 銅匙舊遭里正攘 |
| 엊그젠 열집 부자 무쇠솥 앗아갔네. | 鐵鍋新被鄰豪奪 |
| 닳아 해진 무명이불 오직 한 채뿐이라서 | 青綿敝衾只一領 |
| 부부유별(夫婦有別) 이 집엔 가당치 않네 | 夫婦有別論非達 |
| 어린 것 해진 옷은 어깨 팔뚝 다 나왔고 | 兒穉穿襦露肩肘 |
| 날 때부터 바지 버선 걸쳐 보지 못 하였네 | 生來不著袴與襪 |
| 큰아이 다섯살에 기병(騎兵)으로 등록되고 | 大兒五歲騎兵簽 |
| 세살 난 작은 놈도 군적(軍籍)에 올라 있어 | 小兒三歲軍官括 |
| 두 아들 세공(歲貢: 軍布를 말함)으로 오백푼을 물고 나니 | 兩兒歲貢錢五百 |
| 빨리 죽기 바라는데 옷이 다 무엇이랴 | 願渠速死況衣褐 |
| 강아지 세 마리가 새로 태어나 | 狗生三子兒共宿 |
| 아이들과 한 방에서 잠을 자는데 | |

**236** 송재소 역__「茶山詩選」 pp.62-64에서 인용.
보주 이 시의 제목은 '교지를 받들어 순찰하다가 적성촌에 이르러 짓다'(奉旨廉察到積城村舍作)로 보통 '적성촌에서'라는 제목으로 불린다. 1794년 정조는 정약용을 경기도 암행어사에 임명했고, 정약용은 경기도 연천의 적성촌에서 이 시를 지었다. '마음대로 처분했네'를 다산의 문구대로 '내쫓고 처형할 수 있었네'(專黜殺)로 바꿨다. 오로지 전(專)은 결정한다는 뜻이고, 출살(黜殺)은 추방과 사형을 뜻한다.

| 호랑이는 밤마다 울 밖에서 울어 댄다 | 豹虎夜夜籬邊喝 |
| 남편은 나무하러 산으로 가고 | 郎去山樵婦傭舂 |
| 아내는 이웃에 방아품 팔러 가 | 白晝掩門氣慘怛 |
| 대낮에도 사립 닫힌 그 모습 참담하다 | 晝闕再食夜還炊 |
| 점심밥은 거르고 밤에 와서 밥을 짓고 | 夏每一裘冬必葛 |
| 여름에는 갓옷 한 벌 겨울엔 삼베 적삼 | 野薺苗沈待地融 |
| 땅이나 녹아야 들 냉이 싹 날 테고 | 村篘糟出須酒醱 |
| 이웃집 술 익어야 찌끼라도 얻어 먹지 | 餉米前春食五斗 |
| 지난 봄에 꾸어 온 환자미(還子米)가 닷말인데 | 此事今年定未活 |
| 금년도 이 꼴이니 무슨 수로 산단 말인가 | 只怕邏卒到門扉 |
| 나졸 놈들 오는 것만 겁날 뿐이지 | 不愁縣閤受笞撻 |
| 관가 곤장 맞을 일 두려워 않네 | 嗚呼此屋滿天地 |
| 오호라 이런 집이 천지에 가득한데 | 九重如海那盡察 |
| 구중궁궐 깊고 멀어 어찌 다 살펴보랴 | 直指使者漢時官 |
| 한나라 벼슬인 직지사자는 | 吏二千石專黜殺 |
| 이천석 관리도 내쫓고 처형할 수 있었네 | 獘源亂本梦未正 |
| 폐단과 어지러움 근원이 혼란하니 | 龔黃復起難自拔 |
| 공수(龔遂)·황패(黃霸) 다시 온들 바로잡기 어려우리 | 遠摹鄭俠流民圖 |
| 정협(鄭俠)의 유민도(流民圖)를 넌지시 본받아서[237] | 聊寫新詩歸紫闥 |
| 시 한 편에 그려내어 임금님께 바치리다 | |

    정약용은 「고시(古時) 24수」에서 "농가엔 보리가 익기도 전에 양식 걱정 하느라 정신이 없네, 본래는 양식 위해 농사를 지었으나 도리어 농사 일로 양식 걱정하게 되네"[238]라고, '탐진농가'(耽津農家)에서 "예로부터 돈모(錢秧) 심기 밥모(食秧)보다 낫다

---

**237**   보주 공수와 황패는 한나라 때의 훌륭한 관리였고, 정협은 송나라 때의 정치가로 백성의 참상을 유민도로 그려서 신종(神宗)에게 바쳤다.

**238**   위의 책, p.93

하네"²³⁹라고 빈농의 고통을 시로 표현했다.

## (2) 농민의 참상

빈농이 흉년을 만나면 그 비참한 생활은 더욱 가혹해진다. 조선 후기에 농민들은 자연재해에 대해서 거의 무방비 상태에 있었다. 관개수리시설이 미비하였고, 또한 기근에 대비하는 황정(荒政)이 이미 유명무실한 상태에 있었기 때문에, 자연재해(홍수나 한발의 발생)는 농민의 생활에 고통을 가중시켰다. 이미 앞서 환곡의 관리문제에 대하여 지적한 바와 같이, 기근에 대비해서 진곡(賑穀)이 실제로 저장되어 있지 않을 경우 흉년에 대비할 방책이 유명무실해진다. 정약용은 『목민심서』에 특별히 '진황(陳荒) 6조'를 설정하면서,²⁴⁰ 만약 기사년(己巳年, 1809년, 순조 9년)과 갑술년(甲戌年, 1814년, 순조 14년)처럼 전국에 기근이 들면, "창고는 텅 비어 있어 고을 안에서 곡식을 얻을 수 없고, 여러 읍에서 다 소동이 일어나니 감사에게 곡식을 요청할 수가 없다. 오직 손이 묶인 채 마음만 바빴지 사람들이 쓰러져 죽어가는 것을 서서 보고 있

---

**239** 위의 책, p.231. 정약용은 '순전히 돈으로 품삯을 주는 것을 돈모라고 하고 식사를 제공하여 품삯을 감하는 것을 밥모라 한다'고 설명을 붙였다.

**240** '진황(陳荒) 6조'는 비자(備資)·권분(勸分)·규모(規模)·설시(設施)·보력(補力)·준사(竣事)으로 되어 있다. 그리고 호조의 상진곡(常賑穀)·군자곡(軍資穀)·군작미(軍作米)와 보환곡(報還穀)이 모두 진제(賑濟)에 사용됐던 곡식이며, 교제곡(交濟穀)·제민곡(濟民穀)·산산곡(蒜山穀)은 본래 이웃 도(道)끼리 서로 구제하기 위해 설치됐던 것이며, 감사가 흉년에 대비한 것이 영진곡(營賑穀)이며, 수령이 그렇게 대비한 것이 사비곡(私備穀)·자비곡(自備穀)·사진곡(私賑穀)이다(VI-15).

을 따름"²⁴¹이라고 썼다.

　　조선 후기에는 비교적 규모가 큰 기근(飢饉, 굶주림)이 평균 3~6년에 1회씩 발생했고,²⁴² 정약용이 지적한 1809년에는 전국에 한발(旱魃, 가뭄)이 엄습한 때문에 그 해의 기민수가 전국의 인구수를 상회하는 840여만 명이라는 보고가 있었을 정도였다.²⁴³ 흉년이 거듭 들고 황정(荒政)이 제대로 펴지지 않으면 기민들이 먹을 것을 찾아 집을 떠나 유민(流民)이 된다.²⁴⁴ 심한 기근에는 가난한 농민뿐만 아니라 몰락한 가난한 토반(土班)이나 살림이 제법 넉넉했던 집안도 기민이 된다. 정약용은 조선의 황정이 주로 거민(居民)을 위주로 했기 때문에, 유리걸식하는 유민은 진휼(賑恤)을 입어도 필경은 다 죽게 되고, 또한 기근에 따라 발생하는 전염병으로 많은 사람들이 죽어가는 참상을 다음과 같이 기록했다.

　　"객관(客館) 앞 한 곳에 땅을 파서 그 깊이는 한 척(尺) 남짓하게 하고, 그 둘레는 몇 장(丈) 정도 되게 하여, 새끼로 몇

---

**241**　VI-12.

**242**　강만길,『한국근대사』, 창작과 비평사, 1984, p.144. 이와 같은 큰 기근도 자주 발생했다. 1733년 충청도와 경상도 지방의 기근에는 40여만 명의 기민이 발생해서 1만3천 명이 굶어 죽었고, 1729년 황해도와 평안도의 기근에는 46만여 명의 기민이 발생했고, 1839년 경기와 충청도 기근에는 90여만 명의 기민이 발생했다.

**243**　위와 같음.

**244**　보주 "조선 후기에는 자연재해가 빈번하여 대규모 기근은 평균 3~6년에 1회, 전염병은 2~6년에 1회 정도 발생하였는데, 재해가 심할 때에는 영조 16년(1740)의 경우처럼 전국에서 일시에 50~60만 명이 전염병으로 사망하기까지 하였다."《우리역사넷》, '유민 발생의 배경' 참고.

개의 서까래를 얽어 묶은 뒤 풀로 한 겹을 덮어서, 위에는 눈이 내리고 옆으로는 바람이 쳐서 살을 에는 듯한 모진 추위를 견디지 못한다. 물과 같이 묽은 죽(粥)은 겨와 흙이 반이나 섞였고, 삽살개 꼬리같이 헤어진 옷은 그 음부(陰部)조차 가리지 못하고, 몽당머리에 얼어 터진 피부는 그 꼴이 마치 까마귀 귀신과 같다. 나팔소리 한번 나면 돼지처럼 모여들어 먹고, 흩어져 구걸하면 밥 한술을 얻지 못한다. 저녁이 되면 한 구덩이에 모여 자는데 몸을 꾸부리고 꿈틀거리는 것이 마치 똥구더기 같다. 서로 짓밟아 약한 자는 깔려 죽고 병이 서로 전염하여 역질이 성행한다. 감독자는 염증내고 미워하며 죽는 것을 다행으로 여겨 하루에 수십 명씩을 구덩이에 갖다 버리며, 까마귀와 솔개는 창자를 쪼아먹고, 여우와 이리는 피를 빨아먹으니, 천하에 원통하고 비참함이 이보다 심한 것은 없다….

풍년에는 유리걸식하는 자를 볼 수 없고 마을에는 양민(良民)만 있는데, 흉년에 이르면 곧 이런 무리를 보게 되니, 이들도 본래는 양민이었고 버려진 자들이 아님을 알 수 있다. 다만 육친(六親, 부모 형제 부부 자식)이 흩어져 없어지고 사방의 이웃들도 거절하여 홀아비 과부 고아 불구자로 의탁할 곳이 없어 마름(拚)처럼 떠다니고 쑥대처럼 굴러다니다가 이 지경에 이르렀다. 굶주림이 쌓이고 오랫동안 얼어서 그 어진 본성을 잃고 염치가 모두 없어지고 총명과 식견도 드디어 어두워져서, 귀신과 짐승처럼 되어 사람들로 하여금 염증나게 한 것이지 이 어찌 본질이야 다름이 있겠는가. 하늘이 그 게으름을 싫어하여 이러한 고통을 받게 하였다고 한다면 탐관오리들은 하늘이 어찌 싫어하지 않고 저러한 낙을 누리게 하는 것인가."[245]

관에서 기민이나 유민에게 죽을 쑤어 먹이거나 희미(餼米)를 지급할 때 한사(寒士)나 사족(士族)의 부녀자들조차 직접 나타나니 몰락한 양반도 기근에는 예외 없이 굶주림에 시달리게 되는 것이다. 정약용은 유민(流民)의 참상을 시로써도 묘사했다.[246]

| | |
|---|---|
| 사람의 생명을 초목과 같아 | 人生若草木 |
| 맑과 흙이 사지(四肢)를 지탱해 주네 | 水土延其支 |
| 힘껏 일하여 땅의 털을 먹고 사니 | 俛焉食地毛 |
| 콩과 조 바로 이것이련만 | 菽粟乃其宜 |
| 콩과 조 주옥(珠玉)만큼 귀해졌으니 | 菽粟如珠玉 |
| 어디서 몸의 힘이 솟아 날 소냐 | 榮衛何由滋 |
| 마른 목은 길쭉하여 따오기 모양이요 | 槁項頳鵠形 |
| 병든 살갖 주름져 닭살 같구나 | 病肉縐鷄皮 |
| 우물은 있다마는 새벽물 긷지 않고 | 有井不晨汲 |
| 땔감은 있다마는 저녁밥 짓지 못해 | 有薪不夜炊 |
| 사지는 아직도 움직일 때이련만 | 四肢雖得運 |
| 걸음걸이 혼자서 옮길 수 없게 됐네 | 行步不自持 |
| 해 저문 넓은 들에 부는 바람 서글픈데 | 曠野多悲風 |
| 애처로운 저 기러기 어디메로 날아가나 | 哀鴻暮何之 |
| 고을 원님 어진 정사 베푼다면서 | 縣官行仁政 |
| 사재(私財) 털어 없는 백성 구한다기에 | 賑恤云捐私 |
| 걷고 또 걸어서 고을 문에 닿고 보니 | 行行至縣門 |
| 옹기종기 입만 들고 죽 솥으로 모여든다. | 喁喁就湯麋 |

245 VI-111~112.

246 飢民詩(굶주리는 백성들의 시), 1795. 송재소 역, 위의 책, pp.69~75.

| | |
|---|---|
| 개, 돼지도 버리고 돌아보지 않을 음식 | 狗彘棄不顧 |
| 굶주린 사람 입엔 엿처럼 달구나 | 乃人甘如飴 |
| 어진 정사 베푸는 것 원하지 않고 | 亦不願行仁 |
| 사재 털어 구휼함도 달갑지 않네 | 亦不願捐貨 |
| 관가의 돈 궤짝 남이 볼까 쉬쉬하니 | 官篋惡人窺 |
| 우리를 굶게 한 건 이 때문이 아니더냐 | 豈非我所羸 |
| 관가 마구간에 살찐 저 말은 | 官廐愛馬肥 |
| 진실로 우리들의 피와 살이네 | 實爲我膚肌 |
| 슬피 울며 고을 문 나서고 보니 | 哀號出縣門 |
| 어지럽고 캄캄하여 앞길이 안 보이네 | 眩旋迷路岐 |
| 누런 풀 언덕 위에 잠시 발 멈추어서 | 暫就黃莎岸 |
| 무릎을 펴고 앉아 우는 아이 달래면서 | 舒膝挽啼兒 |
| 고개 숙이고 아이 머리의 서캐를 잡노라니 | 低頭捕蟣蝨 |
| 두 줄기 눈물이 비 오듯 쏟아지네 | 汪然雙淚垂 |
| 아득한 천지간의 그 큰 이치를 | 悠悠大化理 |
| 고금에 그 누가 알 수 있으랴 | 今古有誰知 |
| 많고 많은 백성들 태어나서는 | 林林生蒸民 |
| 여위고 말라서 도탄에 빠졌으니 | 憔悴含瘡痍 |
| 갈대처럼 마른 몸을 가누지 못해 | 槁葦弱不振 |
| 거리마다 만나느니 유랑민뿐이로세 | 道塗逢流離 |
| 이고 지고 나섰으나 향할 곳 없어 | 負戴靡所聘 |
| 어디로 가야 할지 아득하기만 | 不知竟何之 |
| 부모 자식 부양도 제대로 못해 | 骨肉且莫保 |
| 곤궁한 나머지 천륜마저 끊기겠네 | 迫厄傷天彜 |
| 상농가도 이제는 거지가 되어 | 上農爲丐子 |
| 문 두드려 서툰 말로 구걸하네 | 叩門拙言辭 |
| 빈자 집 갔다가는 오히려 슬프고 | 貧家反訴哀 |
| 부자 집 가기는 내키지 않네 | 富家故自遲 |
| 새가 아니어서 벌레 쪼지 못하고 | 非鳥莫啄蟲 |
| 물고기가 아니어서 헤엄도 칠 수 없네 | 非魚莫泳池 |
| 얼굴빛 처참하게 누렇게 떴고 | 顔色慘浮黃 |
| 흰머리는 실처럼 휘날리네 | 鬢髮如亂絲 |
| 옛날 성현 어진 정사 베풀던 때는 | 聖賢施仁政 |

| | |
|---|---|
| 말마다 홀아비 과부 살피라 했지만 | 常言鰥寡悲 |
| 이제는 그들이 오히려 부러워라 | 鰥寡眞足羨 |
| 자기 한 몸 굶으면 그만이니까 | 飢亦是己飢 |
| 매인 가족 돌볼 걱정 없이 지내면 | 令無家室累 |
| 어찌하여 일백 근심 생기겠는가 | 豈有逢百罹 |
| 따스한 봄바람이 단비 몰고 오면 | 春風引好雨 |
| 초목이 꽃이 피고 무성히 자라나 | 艸木發榮滋 |
| 생의 뜻 충만하여 천지에 가득하니 | 生意藹天地 |
| 가난한 자 구휼함은 바로 이때라 | 賑貸此其時 |
| 엄숙하고 점잖은 조정의 어진 분네 | 肅肅廊廟賢 |
| 나라의 안위가 경제에 달려있네 | 經濟仗安危 |
| 이 나라 이 백성들이 도탄에 빠졌는데 | 生靈在塗炭 |
| 이들을 구원할 자 그대들뿐이로세 | 拯拔非公誰 |
| 누렇게 뜬 얼굴을 생기라고 볼 수 없어 | 黃馘索無光 |
| 가을도 되기 전에 시든 버들가지요 | 枯柳先秋萎 |
| 구부러진 허리에 걸음 옮길 힘이 없어 | 傴僂不成步 |
| 담벼락 부여잡고 간신히 몸 가누네 | 循牆强扶持 |
| 부모 자식도 서로 도우지 못하는데 | 骨肉不相保 |
| 길 가는 나그네야 어찌 다 동정하리 | 行路那足悲 |
| 어려운 살림에 착한 본성 잃어버려 | 生理梏天仁 |
| 굶주려 병든 자를 웃고 보고만 있네 | 談笑見尪羸 |
| 이리저리 떠돌면서 사방을 헤매이나 | 宛轉之四隣 |
| 마을 풍속 본래부터 이렇던가 | 里俗本如斯 |
| 부러워라 저 들판에 참새떼들은 | 羨彼野田雀 |
| 가지 끝에 앉아서 벌레라도 쪼아먹지 | 啄蟲坐枯枝 |
| 고관대작 집안엔 술과 고기 풍성하고 | 朱門多酒肉 |
| 거문고 피리소리 예쁜 계집 맞이하네 | 絲管邀名姬 |
| 희희낙락 즐거운 태평세월 모습이며 | 熙熙太平象 |
| 나라정치 한답시고 근엄한 체하는 꼴 | 儼儼廊廟姿 |
| 간사한 백성들은 거짓말만 늘어놓고 | 奸民好詐言 |
| 답답한 선비들은 걱정이라 하는 말이 | 迂儒多憂時 |
| "오곡이 풍성하여 산더미 같은데 | 五穀且如土 |
| 게으른 놈 굶는 것은 모두 다 제 탓이지 | 惰農自乏貲 |

| 수풀같이 총총한 저 백성들은 | 林蔥何其繁 |
| 요순도 골고루 살피지 못하리라 | 堯舜病博施 |
| 하늘에서 곡식이 비처럼 오지 않으면 | 不有天雨粟 |
| 무슨 수로 이 흉년을 구한단 말인가 | 何以救歲飢 |
| 두어라 또 한잔 마셔나 보자 | 且復倒一壺 |
| 곡전²⁴⁷이 봄바람에 춤추는구나 | 曲旃春迷離 |
| 저 언덕엔 묻힐 땅이 아직도 많으니 | 溝壑有餘地 |
| 태어나서 한번 죽음 면할 수 있나 | 一死人所期 |
| 내 비록 오매초²⁴⁸ 가졌더라도 | 雖有烏昧草 |
| 반드시 대궐에 바칠 건 없도다 | 不必獻丹墀 |
| 형제도 서로 사랑하지 않는데 | 兄長不相憐 |
| 부모인들 어찌 다 보살필 수 있으리오" | 父母安施慈 |

황정(荒政)에서 가장 중요한 약점은 비축미가 허유(虛留)되어 있다는 것이었는데, 동시에 진휼미를 모집하는 과정에서 수탈이 발생하고, 일상적인 수취가 가혹하게 부여되고 있었다. 황정에서 주요하게 채택되었던 방법 중의 하나가 권분(勸分)인데, 권분은 흉년이 들었을 때 부유한 사람들(饒戶)에게 권장하여 절량 농민을 구제하기 위한 곡식이나 재물을 내놓거나 직접 나누어 주도록 하는 것을 말한다.

정약용은 이 권분이 원래는 솔선토록하고 상을 주어 권장하는 것이었으나 위협의 극치가 되었다고 하였다. 요호(饒戶)는 그

---

**247** 보주 곡전(曲旃)은 깃대 끝이 구부러진 깃발이다.

**248** 보주 송(宋)의 범중엄(范仲淹, 989~1052)이 강회(江淮) 지대를 안무하고 돌아와서 가난한 백성들이 굶주림으로 오매초(烏昧草)라는 풀을 뜯어 먹고 있는 실태를 왕에게 보고하면서 이 풀을 뜯어다가 왕족과 귀족들에게 먹여서 그들의 사치스러운 마음을 경계하게 하라고 진언했다.

집안에 저장한 곡식이 여덟 식구가 먹고도 오히려 남는 것이 있는 자인데,[249] 이 요호를 3등분해서 각각 진희(賑餼 값을 받지 않는다), 진대(賑貸 가을의 수확을 기다려 곡식으로 도로 갚는다), 진조(賑糶 헐한 값을 받고 내준다)하도록 하였다. 일단 권분의 영이 내려지면 좌수 향교의 유생(儒生)·수리(首吏)와 아전 등이 바람잡고 구름잡는 사기꾼으로 변하여 이들 부민 요호를 대상으로 권분하는 곡식을 중간에서 가로채 먹거나 뇌물을 가로채 먹기도 했는데,[250] 이것은 권분이 강제성을 띤 것으로 변모해 버렸기 때문이었다.

정약용은 또한 기근을 당해서도 수취가 가혹했던 사실을 기록하고 있다. 즉 1809년(己巳年)기근에 전남 함평군의 나산촌(蘿山村)에 살던 한 사인(士人)이 세미(稅米) 2석을 바치지 못하고 죽었다. 검독(檢督)이 그것을 받아서 관(官)에 바치지 않고 도망갔다. 그 마을에서 다시 징수하게 되었는데, 전토(田土)를 모두 팔아서야 겨우 그 상처를 메울 수가 있었으니, 고아나 과부들은 유리(流離)하여 드디어 길에서 굶어 죽었다. 그 전토의 값은 12만푼(1200냥)이나 되었던 것이다.[251] 유민을 안집(安集)시키는 것이 급선무임에도 불구하고 이런 수탈이 자행되어 문제는 더욱 더 악화되었다. 정약용은 이 참상에 대해 다음과 같이 썼다.

---

**249**  VI-50.

**250**  VI-59~61. 이와 함께 어사가 탐리(貪吏)를 논죄하고 사복으로 채워진 권분미(勸分米)를 받아내어 진귀한 물건으로 바꾸어 권문(權門)에 바친 사실(VI-61)과, 기사(己巳)년과 갑술(甲戌)년에 수령이 아전을 파견하여 절의 재산을 약탈한 사실(VI-062) 등도 기록했다.

**251**  VI-139.

"백성들의 만신창이가 회복도 되지 않은 채, 관의 징수와 추심(推尋)이 날로 급박하니 도망하는 자는 더욱 멀리 가고 머물러 있던 자는 더욱 흩어진다. 그러므로 남쪽 백성들이 말을 하기를 "풍년이 흉년만 같이 못하고 부유한 것이 가난한 것만 같지 못하고 사는 것이 죽는 것만 같지 못하다"라고 한다. 집과 마을이 한번 텅 비면 다시 채워질 수 없고 논밭이 한번 묵으면 다시 일구어지지 않는다. 얻는 바는 터럭만 하고 잃는 바는 산더미 같다"

고[252] 하였다.

### (3) 호민의 상태

정약용이 표현한 "문관(文官)과 무관(武官)으로서 높은 벼슬을 한 자와 마을 부자들(閭巷富人)", 즉 양반 사대부와 여항 부인(閭巷富人)이 전체 인민의 7~8할을 차지하는 무전 소작농(無田小作人)과 대칭적으로 양극화되어 한 층을 이루었다. 여기서 여항 부인(閭巷富人)으로 표현된 층은 정약용이 『목민심서』에서 주로 호민(豪民)·토호(土豪) 또는 부민(富民)으로 지칭한 층으로 양반 신분이 아닌 상민(常民)이었다.[253] 정약용은 이 여항 부인(閭巷富人) 중에는 "곡식 수천 석을 소득하는 자가 매우 많으며" 그들의 전지(田

---

**252** VI-157.

**253** 정약용은 양반(兩班)은 현직 문무 관료를 사대부(士大夫)로 불렀고, 현직 문무 관료에 있지 않으면서 조상이 그러한 자였던 사람은 사족(士族) 등으로 표현하였다.

池)를 계산하면 "100결 이하는 되지 않을 터"라고 하였다.

　이 호민(豪民)의 규모를 짐작해 보기 위해서 기근을 당하여 진휼할 때 수령이 요호(饒戶)를 3등분해서 권분(勸分)하도록 하는 기준을 정약용이 제시한 것을 참조해 보는 것도 좋을 것 같다. 상·중·하의 세 등급으로 나누고 각 등급을 다시 9등급으로 세분하는데, 하등(下等)에서 최하의 2석으로부터 차례로 1석씩을 더하여 제1급에 10석을 배정하고, 중등(中等)에서 최하의 20석으로부터 차례로 10석씩을 더하여 제1급에 100석을 배정하고, 상등(上等)에서는 최하의 200석으로부터 차례로 100석씩을 더하여 제1급에는 1천석을 배정하여 권분하도록 한다는 것이다.

　그런데 요호는 앞서 규정된 바와 같이 "그 집안에 저장한 곡식이 여덟 식구가 먹고도 오히려 남는 것이 있는 자"인데 "백성으로서 스스로 먹고 살 만한 자는 몇 말의 곡식이 있더라도 권분해서는 안 될 것이지만 지금 2석 3석을 권분 대상에 넣어 두는 것은 우리나라 백성들이 가난하여 상등(200석 이상)에 들 수 있는 자가 1도에 불과 몇 사람이요, 중등(20석 이상)에 들 수 있는 자가 한 고을에 불과 몇 사람이다. 오직 하등(2석부터 10석까지)의 호(戶)는 한 고을에 혹 수백이 있을 수 있으니 만약 이들을 젖혀 두고 권분하지 않는다면 권할 곳이 없을 것이다"고 하였다.[254]

　환자의 배당도 받지 않고 군첨(軍簽)의 침해도 받지 않고 민고(民庫)에 바치는 일체의 요역을 면제 받는 계방(契戶)은 마을의 재력이 풍부하고 豪民의 힘이 있어야 가능한데, 이 호민은 기름진 농토가 반듯하게 정리된 전지(田池)를 앞에 둔 제역촌(除役村)

---

[254] Ⅵ-50.

으로서 계방촌(契房村)을 만들어 부요하게 생활하는 것이다. 더구나 한 호(戶)로서 계방이 되는 계호(契戶) 농토가 10결(結)이 넘고 100호를 거느릴 정도가 될 정도로 부유한 것이다. 이들 호민의 생활은 부유하고 호화로워서 "이들의 집과 말치장의 호사스러움과 의복과 음식의 사치스러움이 모두 법도를 넘"었고,[255] "오늘날 비천한 사람들이 모두 도포(道袍)를 입어서 큰 소매에 자락을 길게 늘어뜨려 엄전하기가 마치 조정의 벼슬아치와 같다"고 하였다.[256]

### (4) 호리의 상태

빈·부자와 소작·대지주의 양극화에는 위의 여항 부인(閭巷富人), 즉 호민(豪民) 외에 호리(豪吏)[257]라고 불린 부유한 아전들도 포함된다. 앞에서 이속 아전이 부를 축적하는 방법은 농민을 수탈하는 봉건적인 구조적 기제 자체였음을 보았다. 그러한 기제를 통해서 마련한 돈으로 고리대를 하는 경우도 있었다.[258]

---

[255] IV-75.

[256] IV-81.

[257] IV-75.

[258] 정약용은 "전라도 53개 읍에 읍마다 반드시 두셋의 간활한 아전이 있어 모두가 최치봉(전라감영의 아전)과 결탁하여 믿고 맹주(盟主)로 삼고 지냈다. 최치봉이 해마다 돈 수십만 냥을 각 읍의 간활한 아전들에게 주어서 창고의 곡식을 환롱(幻弄)하여 팔아 돈으로 바꾸어 고리대(高利貸)의 밑천을 삼으니, 만민이 그 해독을 입었다"(IV-79)고 썼다.
보주 최치봉(崔致鳳)은 전라감영의 아전으로 당시 최악의 식리인(사채업자)으로 악명을 남겼다. 정조 때 이노익(李魯益, 1767~1821)이 전라감사로 부

이들 중에도 호민(豪民)과 같이 호화로운 생활을 누리는 자도 있었다. 유독 호남의 아전들에 그런 자들이 많았다.

"그 부녀자가 모두 옥교(玉轎, 옥 가마)를 타면서 주렴을 수놓아 늘어뜨리고 앞에서 소리를 버럭 질러 길을 트고 뒤에서 옹위하기도"[259] 했고, "오늘날 군·현의 아전들이 의복·기명(器皿)·안마(鞍馬)의 치장이 사치스럽고 참람해서 그 한계가 없다. 중국과 일본의 기물(器物)에 그 홍색·녹색이 찬연하고 비단과 금은을 쓰지 않은 것이 없으며",[260] 초립을 쓰는 경우도 "저 아전에 이르기까지 모두 제주도 세모첨(細帽簷, 갓 차양) 300회 이상을 쓰고"[261] 있으며, 호민·호리가 모

---

임해서 최치봉의 죄를 밝히고 엄벌해서 감옥에서 죽었다.
경기도 이천군(利川郡)의 한 아전(首書記)이 남긴 문건들을 분석한 한 연구에 의하면, 19세기말 갑오(甲午)개혁의 일환으로 1895년에 공포된 지방의 행정·관리·재정 제도의 개혁이 있고 난 뒤에도 아전들은 「목민심서」에서 나타난 봉건적 수취에 편승한 아전들의 착취와 그렇게 모인 자산을 이용한 고리대(이천읍내의 상인 및 같은 아전을 상대로 함)를 자행했다. 또한 아전들은 중소 지주로서 자기 집안의 논 220여 두락을 경영관리하고, 몇 가지 물품에 대한 상업 활동도 하며, 물방아의 건설이나 관청수리의 청부까지 하는 양상을 보였다. 아전들이 봉건적 수취의 주체로서 지주·사채업자·상인은 물론 맹아적 기업가 활동도 하게 되었던 것이다. 徐錫興, 「舊韓末 地方衙前의 經濟活動에 관한 硏究-利川郡 書記 尹起鵬에 대한 事例分析을 中心으로」, 서울대학교 경제학과 석사논문, 1983을 참고.

**259** IV-82.

**260** IV-83.

**261** 위와 같음. 정약용은 「속대전」에 규정하기를 "서인의 의복은 아홉 새

두 은안장을 타며, 묘 앞에 세우는 석물(石物)들도 공경(公卿)
이 하는 것과 같이 참람(僭濫, 분수에 넘치게 멋대로 함)하는 것
이다.[262]

호민 호리 등도 중국과 일본에서 수입되어 오는 사치품을
소비하는 경향도 보이고 있었고, 이런 현상은 경제구조의 변화와
더불어 신분구조나 권력구조에도 많은 변화가 생겼음을 반영하
는 것이었다.

## 2. 지배 권력 구조

### (1) 지배 구조의 개략

18세기 후반과 19세기 초를 중심으로 보면, 중앙정부(왕과 중앙의

---

(升)이다. 사족(士族)의 경우 초립(草笠)은 50죽(竹)이고 또 마미립(馬尾
笠)·부죽립(付竹笠)을 쓴다. 서인의 경우 초립은 30죽(竹)이고 또 죽직립(竹
織笠)·승결립(繩結笠)을 쓴다"고 밝혔다.

보주 복식을 규제한 것을 '복식 금제'라고 한다. 신분을 구별하기 위한 것뿐
만 아니라 사치를 막기 위한 제도였다. 날실(세로)과 씨실(가로)로 직물을 만
드는 데, 날실의 수로 품질이 결정됐다. 날실 여든 올이 한 새(한자로는 승
(升)으로 쓴다)를 이루고, 샛수가 많을수록 실이 촘촘한 좋은 천이 된다.《한
국민족문화대백과사전》, '복식금제' 참고.

[262]  위와 같음. 정약용은 「경국대전」에 규정하기를 "당하관(堂下官)으로
서 안장에 은입사(銀入絲)를 사용하는 자와 서인(庶人)으로서 분묘에 석물
(石物)이 제도를 넘는자(石人은 쓰지 말며, 望柱, 表石은 2자를 넘어서는 안
된다)는 모두 엄금하여 죄를 다스린다"고 밝혔다.

사대부 관료)로부터 감사-수령-이서(吏胥)로 연결되는 봉건적 수취 메카니즘이 삼정(三政)을 중심으로 더욱 가혹하고 가열하게 수탈하는 과정은 호부 겸병자(豪富兼倂者)들의 토지 집적을 일으켜서 자작농이 소작농으로 몰락하는 과정을 동반했다. 토지 없는 소작농이 이미 농민의 8할이 될 정도로 늘어났고, 소작농 중에서 극히 일부가 부농(經營型 富農이라고 지칭되기도 하는)인 경우를 제외한다면, 영세 소작농이 결국 봉건적 착취의 주 대상이었다.

따라서 농민에 대한 지배구조는, 신분제적으로 천민(賤民)을 제외하고 경제적 지배구조의 측면에서 보면, 대다수 영세 소작농이 밑바닥을 구성하고, 그 위로 여러 층들이 토지에서 나오는 경제적 잉여를 착취하는 식으로 이루어졌다.

농민의 대부분이 생활하고 있는 지방 향촌사회에서 지배구조는, 지배 계층들이 영세 소작농으로부터 경제잉여를 수취하는 관계 즉 토지와의 관계뿐만 아니라, 국왕의 지배권이 제휴하고자 하는 관계에 의하여 결정됐다. 18세기에 이르면 수취 메카니즘의 변화와 함께 지배구조도 상당히 변화되었던 것 같다. 지방 향촌사회에서는 사족(士族)·호민(豪民)·향청의 향임(鄕任 좌수 별감), 아전, 수령이 복합적으로 지배층을 이루었으며, 이들에 대하여 간단히 논급하고자 한다.

### (2) 사족(士族)

사족은 선비의 부류로서 대체로 양반을 가리키는 것이지만[263]

---

**263**  보주 사족(士族)은 유럽의 귀족(貴族)과 다르다. 사족은 혈통만으로

그 내부도 몇 가지로 구별해서 살펴볼 수 있다.

### (가) 사족의 분해 현상

"중앙의 문무 양반(文官과 武官인 兩班)" 중에는 곡식 수천 석을 소득하는 자가 있고 이들의 전지(田地)를 계산하면 100결(結) 이하는 되지 않을 정도로 대지주층이 있다.[264] 그리고 세도가나 대족(大族)이 한 고을을 누르고 사는"[265] 층이 있다. 이와 같이 양반이나 사족으로서 정치적 경제적 기반이 튼튼한 경우는 향촌의 재지지주(在地地主)로서도 향촌사회에서 지배력을 행사했다.[266] 그리고 중앙의 문무 양반이나 세도가는 이미 봉건적 수취 메카니즘에 들어가 있는 층이기 때문에 그 지배력은 확고했다.

---

유지될 수 없었고 과거 시험에 합격해야 유지될 수 있었다. 양반은 과거 시험에 합격한 문반과 무반의 현직 관료를 뜻하는 말이다.

**264** 주 233 참조. 정약용은 이렇게 설명했다. 양반은 현직 관료로서 동(東 즉 文)과 서(西 즉 武)의 두 반(班)을 가리키고, 사대부(士大夫)는 양반을 뜻하는데, 사(士)는 당하관(堂下官)이며, 대부(大夫)는 당상관(堂上官)이다. 귀족(貴族)은 양반의 족속 내지 그 후예로서 사족(士族)이라고 하고, 이 귀족 내지 사족을 양반 내지 사대부라고 일컫는 것은 잘못이다(IV-77).

**265** IV-78.

**266** 정약용은 "세도가나 대족(大族)이 어떤 고을에 살면서 그 중에 한두 사람이 못나고 불학무식한데다가 잇속을 좇아 못된 짓만 해서 소민(小民)을 못살게 굴어 유망(流亡)케 하고, 상투를 매달고 수염을 뽑으며, 기왓장에 꿇어 앉히기도 하고, 발꿈치에다 불을 질러 지져서, 이자에 이자를 더하고 더해서 파산케 함으로써 백성들의 원수가 되는 자가 있으니"라고 썼다(IV-78). 양반이 향촌에서 강력한 지배력을 갖고 있어서 이렇게 멋대로 행패를 부리는 자들도 있었다.

사족으로서 정치적 경제적 기반을 확고하게 재생산하지 못하거나 기반을 상실하는 경우에 그 지배력은 약화된다. 조선 후기에 오면 중앙 관료의 충원에서 사족이 충원의 기회를 얻기가 점차 곤란하게 되었다. 즉 과거에 합격하고도 관직에 임용되지 못하는 자의 수가 증대하는 동시에[267] 권력체제가 세도화(勢道化)됨으로써 관료의 충원 메카니즘이 세도정치에 의하여 통제되고 왜곡되어 관직에의 임용이 소수 세도세력에게 독점됨으로써 대부분의 사족은 봉건적 수취 메카니즘에 참여함으로써 경제적 기반을 구축할 수 있는 정치적 기회가 희소해지는 상황에 처하게 된 것이다. 따라서 소위 "양반(兩班)"으로서 신분적 특권을 가지고 있던 사족도 정치적 경제적 기반이 약화됨에[268] 따라 분해되게 되었다.

여기서 주목되는 점은 사족이 중소 지주이자 유림(儒林)으로서 신분적 지위를 유지하는 층과 몰락해서 자작 내지 소작인(小作人)으로 전락하거나 신분적 특권을 포기하는 층으로 분화됐다는 점이다.[269] 물론 이러한 분해는 새로운 경제적 기반을 갖고 신

---

[267] 성호(星湖) 이익(李瀷)(1681~1763)도 '붕당론'(朋黨論)에서 붕당의 원인이 과거를 자주 보여서 사람을 너무 많이 뽑은데 있다고 지적하였다. 즉 과거가 너무 잦아서 관직은 적은데 임용할 사람은 많아서 조처할 수 없었다는 것이다. (이익, 이익성 역, 『星湖雜著』 삼성문화재단, 1972, pp.59~60과 64).

[268] Ⅳ-82. "고가(古家)와 명족(名族)은 가난하고 쇠퇴함이 날로 심해져서…".

[269] "냉족(冷族 몰락한 양반)이 몸소 농사를 짓는데 농사꾼과 어울려 무례하게 잡된 농담짓거리나 하고 개울이나 시장거리에서 술에 취해 싸움을 하며

분을 상승시키면서 (적어도 향촌사회에서는) 권력구조의 상층으로 이동하려는 층의 대두와 감사·수령체제에 의한 봉권적 수취의 가열화와 연관되어 있는 것이었다.

### (나) 사족의 약화와 전락

18~19세기에 진행된 농민층의 분해와 토지 소유의 양극화에서 나타난 무전(無田) 농민의 대량 배출, 즉 소작농민의 가속적 증대 속에서 몰락한 사족(士族)도 천민(賤民)·평민(平民)과 함께 소작농민을 구성했다.[270]

사족(士族)은 경제적 기반이 약화됨에 따라 다른 세력들로부터 지배력이 도전받고 침해되는 처지가 되었다. 사족이 조선 시대에 왕권(王權)에 중요한 제휴세력이었던 것은 틀림없으나, 후기에 와서 삼정(三政)의 영역에서 감사-수령체제에 의한 봉건적 수취가 가열해짐에 따라 경제적 잉여의 수취를 두고 잠재적 이해 갈등이 표면화됐고, 사족은 봉건적 수취 메카니즘에 직접 참여하고 있는 세력인 감사-수령-향임-아전-호민(豪民, 특히 八結作夫 首豪)들과 갈등관계에 빠지게 됐을 뿐만 아니라 그들로부터 공격을 받고 지배력이 더욱 약화되게 되었다.

### ㄱ. 사족의 약화

사족은 양반으로서 군포의 면제를 받고 있었지만, 향촌사회의 수

---

더러운 말을 떠들어 놓고…"(IV-78).

**270** 김용섭, 위의 책, pp.14와 25.

준에서 일반 상민이 양반으로 되는 길이[271] 있었고, 호민들이 실제로 양반으로 편입되고 있었기 때문에, 본래 양반이었던 사족은 그 세력이 약화됐다. 사족 지배의 상징이었던 향교나 서원(書院)이 양반을 모칭한 새로운 세력에 의해 장악되고 사족은 밀려나거나 스스로 기피하게 되었다.

> "변방 먼 곳에 사족(士族)은 드물고 토족(土族 벼슬을 하거나 벼슬을 한 자의 자손이 아니면서 지방고을에서 경제적으로나 씨족으로나 위세가 큰 사람 또는 그 자손)은 많은데, 사족이 그들과 어울리는 것을 수치스럽게 여겨서 결코 왕래하지 않는다. 이에 토족이 향교를 독차지하여 소굴을 삼는데, 이들 무리는 대부분 배운 바 없는 무식장이들로서, 끼리끼리 모이면 당(党)을 만들어서, 서로 알력하게 되면 남의 숨은 약점을 들추어내고, 이권을 다투면 정권 다투듯이 하여 간사한 아전과 결탁해서는 감사에게 허튼 소문을 집어넣으며, 수령이 총애하는 기생과 서로 통해서는 수령에게 뇌물을 바치며, 항상 아전과는 스스럼없는 사이가 되어 너나들이하면서 교제하고 늘 술집에서 만나서 아침저녁으로 싸움질만 한다."[272]

---

[271] 정약용은 다음과 같이 요약했다. "향안(鄕案)에 기록되면 양반으로 되고, 거짓 족보를 꾸미면 양반으로 되고, 고향을 떠나 멀리 이사하면 양반이 되고, 유건(儒巾)을 쓰고 과장(科場)에 출입하면 양반이 됩니다. 남몰래 불어나고 가만히 늘어나며 해마다 증가하고 달마다 성해지니 장차 온 나라는 양반으로 되고 말 것입니다"(정약용, 이익성 역, 『茶山論叢』, 을유문화사. 1972, '身布議', p.196).

[272] IV-60. 또한 金仁杰, '朝鮮 後期 鄕權의 추이와 지배층 동향-忠淸道

향촌의 사족은 수령-향임-아전의 지방 행정, 그리고 새로이 떠오른 토호세력에 의해 실질적으로 그 지배력이 침식당하고 사족의 지방 지배기구이자 상징이었던 향교와 서원조차 상실해 가는 형편이었다. 더구나 양반으로서 사족의 권위의 상징이었던 향안(鄕案)[273]조차도 새로운 세력을 일정하게 반영하지 않을 수 없었으며,[274] 정약용이 향약(鄕約)의 해(害)가 도둑보다도 심하다고 지적한 것도 이와 같은 상황에 따른 것이었다.[275]

---

木川縣 事例', 『韓國文化』2, pp.167~251에 의하면, 향교와 서원이 소위 사족의 지배기구와 같은 것이었으나, 18세기 이후 새로이 부상하는 토호세력에 기초한 향임 세력과 아전 세력에 의해 장악되어 갔고, 따라서 종래의 사족이 그곳을 기피하게 됐다.
보주 향교와 서원은 양역(良役, 양민(사족+평민)의 의무)을 면제받는 곳이었기 때문에 이곳을 장악하는 것은 단순히 사족-양반이 되는 것을 넘어서 커다란 실질적 이익을 누리게 되는 것이었다. 19세기 중반 어렵게 권력을 잡게 된 흥선대원군이 '서원 철폐'(1865년)를 단행한 것은 이 때문이었다.

[273] 보주 "향안은 군현 단위 유력 사족의 명단이고, 향안에 입록(入錄)된 사람은 구성원이 모두 모이는 향회(鄕會)를 통해 상호 결속을 다지고 아전과 백성을 통제하였다. 따라서 향안은 조선시대 지방 사족의 향촌 지배를 상징적으로 보여 주는 각 지역별 유력자의 명단이라는 의미가 있다."《우리역사넷》, '향안과 향규' 참고. "향안(鄕案)은 조선시대 향촌 사회 지배층인 재지 사족(在地士族) 중 입록이 허락된 향원(鄕員)의 명부이다. 이 향안에 수록된 사람들을 중심으로 유향소(留鄕所), 즉 향청이 운영되었다."《조선왕조실록 위키》, '향안' 참고.

[274] 향안에 참여하기 위한 자격이 매매되는 성질의 것은 아니지만, 위의 김인걸의 연구는 목천현의 향안에 새로운 세력을 반영치 않을 수 없었음을 분석하고 있다.

[275] Ⅳ-12~13. "토호와 향족(鄕族, 향청의 소임을 맡은 門族)이 집강(執綱)에 임명되어 스스로 약장(約長)이나 헌장(憲長)이라 칭하고, 그 아래 공원

정약용이 신분질서의 문란으로 보았던 신해변법(辛亥變法, 영조7년(1731년) 노비세전(奴婢世傳)이 종모법(從母法)으로 일원화된 것)은 귀족(貴族, 즉 士族)의 약화와 천민(賤民 노비 등)의 강화를 반영한 것이었다.[276] 그리고 노비도 사족의 완전한 지배에서 벗어나고 있음을 보여주는 것이었다.[277]

---

(公員, 약장 밑에 있는 有司들)·직월(直月, 1년 중 윤번으로 향약의 일을 맡아보는 월별 有司) 등을 두어서 향권(鄕權)을 제 마음대로 휘둘러 백성을 위협 공갈하여 술을 토색하고 곡식을 징수하는데, 그들의 요구는 끝이 없다. 백성들의 드러나지 않는 허물을 적발하여 뇌물을 받고 보답을 요구해서, 나아가서는 이르는 곳마다 술과 고기가 질펀하고, 집에서는 송사를 처리한다고 소란스러우며, 부역은 어리석은 백성에게 떠맡기고, 농사는 그들을 끌어다 짓는다. 수령은 또 송첩(訟牒, 고소장)을 향약에 위임하여 그로 하여금 조사·보고케 하니, 세력을 믿고 작간(作奸)하는 것이 끝이 없다".

[276] 보주 조선 시대에 노비(奴婢)는 최하층 신분이었다. 노는 남자 종, 비는 여자 종을 뜻한다. 그 유래는 멀리 '고조선'의 '팔조 금법'(八條禁法)에서부터 찾을 수 있다. 국가 소유의 공노비와 개인 소유의 사노비가 있었다. 노비는 부모 중 한 명만 노비여도 노비가 되었다. 이 때문에 노비가 늘고 양인이 주는 문제가 발생했고, 이에 대응해서 제시된 타협적 해결책이 어머니만 노비일 경우에 그 자식을 노비로 하는 것이었다. 앞의 것을 일천즉천(一賤則賤)이라고 하고, 뒤의 것을 종모법(從母法)이라고 한다. 노비의 사적 소유, 재산 축적, 재산 상속을 할 수 있었다. 재산을 모은 노비가 양인이 되고, 양반이 되는 사례도 계속 늘어났다. 사족이 귀족과 달랐듯이, 노비도 유럽의 노예와 달랐다. 19세기에 들어서 노비의 수도 크게 줄어든 것으로 추정된다. 1894년의 갑오개혁으로 신분제가 철폐되어 노비제도 사라지게 되었다.《한국민족문화대백과사전》, '노비' 참고. 매국-독재 세력은 조선이 인구의 절반을 노비로 삼은 극악한 국가였고, 그래서 망할 수밖에 없었다고 주장한다. 사실을 왜곡해서 일본에의 매국과 일본의 강점을 정당화하려는 극악한 수작이다.

[277] 정약용은 사족의 약화를 다음과 같은 한 현상으로 설명했다. 1592년

ㄴ. 사족의 전락

사족 자체가 봉건적 수탈의 직접적 대상으로 전락하고 있음을 앞서 논급한 황정(荒政)의 권분(勸分)이 왜곡된 것에서 알 수 있다. 수령은 향임(鄕任), 아전, 토호의 이해관계를 두둔하고 경제외적 수취의 방법, 즉 송사의 방법을 이용해서 사족으로부터 직접적으로 경제적 잉여를 수취하고 사족의 지배력을 약화시켜려 했다. 정약용은 다음과 같이 썼다.

"오늘날 시골의 토족은 실해지고 고가(故家)의 후예들은 모양을 이루지 못하고 있다. 수령으로 온 사람은 백년 전에 전해 내려오는 이야기를 잘못 듣고 오히려 귀족이 호강한다고 하면서 송사를 다룰 때마다 먼저 억강부약(抑强扶弱)하기를 작정하니…"[278]

"…옛 사대부의 자손들이 몰락하고 가산이 없어져서 모양을 이룰 수 없게 되자 토족이 실권을 잡아서 갖가지 꾀로 이들을 모함하고 박해하여 여러 대로 억눌려 살던 수치를 보복

---

임진왜란 때 남방에서 의병을 일으킨 집은 가동(家僮) 수백 명으로 대오를 편성할 수 있었으나, 순조 12년(1812년)의 '홍경래의 난' 때 고가(故家)·명족(名族)이 서로 일을 논의하였지만 한 사람의 가노(家奴)도 얻어내기 어려웠다는 것이다. 그리하여 그는 "곧 그 대세가 온통 변한 것을 알 수 있을 것이다"고 하였다(IV-85).
보주 임진왜란은 최악의 외적 침략이었고, 홍경래의 난은 내적 문제가 폭발한 내란이었다.

[278] IV-86.

한다. 새로 부임한 수령은 헛 소문을 잘못 듣고 어느 고을 누구 집은 원래 대족(大族)이므로 무단(武斷)하는 것이 당연하다고 말하기도 하고, 또 간사한 향임(鄕任)의 모략을 받아들여 오로지 그 집안을 억누르고자 마음을 쓰는 수령이 많으니…"[279]

"가난한 선비가 시골에 살게 되면 저절로 자질구레한 비방이 많고, 천민들이 함부로 날뛰고 수령과 아전과 결탁하여 몰래 모함하는 소리를 퍼뜨린다. 관찰사는 관문(關文)을 보내어 마치 강도를 잡듯이 끌어다가 차꼬를 채우는 욕을 보이니, 가난한 선비가 한번 이 욕을 당하면 머리를 떨어뜨리고 의기가 꺾여서 다시는 더 감히 한 마디 말도 못 하니…"[280]

일반적으로 경제적 기반이 약해지고 또한 향촌사회에서조차 지배력이 약해지던 사족(士族)은 그 자구책으로 향임의 지위를 추구하거나, 향안(鄕案)을 새로이 만들고, 향약(鄕約)을 새로이 만들어 향촌사회의 다른 구성원(농민 일반)과의 통합을 견고히 하고자 하는 방법 등을 추구하기도 하였지만, 그것이 본질적으로 사족의 지배력을 확고하게 확보하는 것은 아니었다.

첫째, 사족이 향임을 추구하는 방법에서, 지역에 따라 사

---

[279] IV-79.
[280] IV-88.

족의 향임을 긍정하거나 기피하였지만,[281] 사족이 점차 그 경제적 기반을 구축하는 하나의 방법으로 인식해 갔던 것 같다. 향임이 봉건적 수취 메카니즘에서 하나의 하위 기능단위로 편입되어 있었기 때문에, 그 직임이 경제적 토대를 마련하는데 중요한 계기였던 것이다. "혹 사족 중에서 간사한 자가 세력 있는 아전에게 찰싹 붙어 향임(鄕任) 자리나 얻고자 서로 너나들이 하고 지낸다면, 굳이 밝힐 것이 아니라 하는 대로 내버려두도록 할 것이다"[282]고 하여 정약용도 그 대세를 인정했다.

둘째, 18세기에 들어와서 일부 지방에서 사족이 새로이 향약(鄕約)을 만들어 실시코자 했던 것은 단지 향촌사회 수준에서 교화(敎化)를 통한 신분질서의 유지라는 본래의 사안을 넘어서 사족에게 위협이 되는 새로운 요소들에 대한 대응이기도 하였다. 수령의 권력과 향임의 실질적 지배력과 정면으로 충돌하지 않으면서, 사족이 일반 농민을 각 동리별로 결속코자 했는데, 여기서 가장 초점이 됐던 것이 필요한 노동력의 확보였다. 즉 사족이 중심이 되어 동네에 대한 아전과 향임의 침어(侵漁, 침탈)를 배제하고, 그 때문에 생겨난 무전 농민과 그들의 유리(流離)에 직면해서, 사족이 무전 농민(無田農民)에게 일정한 토지를 분급(分給)해 주어 유리를 막자는 것이었다. 경우에 따라서는 향약에서 사창(社倉)을 설치 운영해서 동민(洞民)을 관의 침탈로부터 지키고자 한 것이지만, 이것은 수령에 의하여 강화되고 있던 환자제도(還上制度)

---

**281** II-114 및 金仁杰, 위의 글, p.178.

**282** IV-79.

와 잠재적으로 이해 갈등을 내포한 것이기도 했다.[283] 황해도 지방에서 마을마다 자치적으로 군포계(軍布契)를 만들어 그 마을 사람이면 사족이나 천족(賤族)을 막론하고 모두 돈을 내어 그것을 식리(殖利)해서 그 마을의 군포(軍布)에 충당한 예도 위와 같은 맥락에서 이해해도 좋을 것이다.[284]

### (3) 향임

향청(鄕廳)의 직임을 받은 자들을 향임(鄕任)이라고 했는데, 향청은 조선 초기 유향소(留鄕所)가 변질된 것으로서, 17세기까지만 하더라도 수령이 현지의 사족(士族)으로부터 자문을 구하던 기구였으며, 향청에는 향승(鄕丞)이라는 좌수(座首)와 그 밑에 좌우(左右) 별감(別監) 등이 있었는데, 18세기 이후로는 점차 지방행정조직의 일환으로 기능이 변모되어 좌수·별감 아래에 각종 도감(都監)과 감관(監官)을 두어 수령의 행정적 기능을 각종 이서(吏胥)

---

[283] 金仁杰, 위의 글, pp.216~222. "그것은 당시 하층민이 질곡으로 느꼈던 백골징포(白骨徵布)나 적지렴세(赤地斂稅), 부민징책(富民徵債), 수령(아전과 향임) 침어 등과 세가(勢家)·사부(士夫)의 양호(養戶)·피역(避役)에 의한 군정(軍丁)의 감축에서 오는 부담의 증가 등을, 한계가 있는 것이긴 하나 사족 스스로 해결하여 동(洞)·리(里)의 안정을 되찾아 보고자 한 것으로 이해될 수 있는 것이다. 수령의 입장에서도 일견 사기를 진작시켜 향촌 질서를 부분적으로나마 그들에게 맡기려 하기도 했다. 그러나 사창제(社倉制)를 원용한 어떠한 형태의 향약(鄕約)이건 간에 그것은 지방재정의 핵이었던 환자제도와의 마찰 때문에, 부과된 환곡이 적을 경우는 예외겠지만, 자체로는 그대로 유지될 수 없는 성질의 것이었다".

[284] 주 271의 「身布議」, pp.195-196.

를 통어하면서 수행토록 하였던 것이다.²⁸⁵ 이와 같이 향청이 향촌에서 사족(士族)의 이익을 대변하던 기능으로부터 수령의 행정적 기능을 분담하는 기구로 변모하면서 향촌에서 사족의 지배력은 상대적으로 약화된 반면에, 수령-아전의 봉건적 수취 메카니즘에 기반한 권력이 점차 확대되어 향촌에서는 향임 내지 향족(鄕族, 향임을 맡은 자와 그 족속)이 사족보다도 더 강력히 향권(鄕權)을 장악하게 되었다.²⁸⁶ 따라서 수령도 같은 봉건적 수취 메카니즘에 통합된 향임을 비호하고 그 이해관계에서 잠재적 갈등관계의 대상으로 더 뚜렷하게 부각된 사족(士族)을 저해하기에 이르렀다.²⁸⁷

이런 추세는 두 가지 문제와 결부되어 하나의 맥락을 이룬 것으로 보인다. 즉 한편으로는 경제적 기반을 갖춘 상민(常民)인

---

**285** II-116~117. "『정요』(政要)에 이르기를 "좌수(座首)는 이방(吏房)과 병방(兵房)의 사무를 관장하고, 좌별감은 호방(戶房)과 예방(禮房)의 사무를 관장하고, 우별감은 형방(刑房)과 공방(工房)의 사무를 관장한다"라고 하였다. 살피건대 이것은 각 도(道)에 통행하는 읍례(邑例)이다. 황해도·평안도의 큰 고을에는 예방 병방 등의 이름이 있고, 창감(倉監)·고감(庫監) 등이 있어서, 때로 10명이나 되는 경우도 있지만, 마땅히 6명으로써 6방(房)에 나누어 맡게 할 것이다. 좌수가 이방을 맡고, 수창감(首倉監)이 호방을 겸하여 맡고, 좌별감이 예방(속칭 官庁別監이라 한다)을 맡고, 군창감(軍倉監)이 병방을 맡고, 고감(庫監)이 공방을 겸해 맡게 하여, 직책을 나누어 주고 각각 맡아 살피게 한다. 6방의 문서는 모두 이들의 서명을 받게 하여 무릇 농간질하는 일이 있으면 허물을 서로 나누어 가지게 하면 체모가 엄정해서 지금과 같이 난잡하지 않을 것이다."

**286** 金仁杰, 위의 글, pp.179, 185, 188~189.

**287** 위의 글, p.190.

호민(豪民)이 그들의 신분적 지위를 상승시키고자 기도하는 것(그러므로 조선 후기에 오면 사족의 유림(儒林)과 향족(鄕族)은 서로 거리가 멀어지거나 대립관계에 있게 된다), 말하자면 향촌사회에서 호민이 양반으로서의 지위를 갖고자 기도하는 문제와, 다른 한편으로 수령이 지방재정의 한 가지 확충방법으로서 향임 직위를 억지로 매직(賣職)하게 되는 문제[288]가 상호 결부됐고, 이로부터 향임이 봉건적 수취 메카니즘에 더 강하게 편입되어 가는 동시에, 실질적으로 아전과 이서의 직무수행이 향청에 기능적으로 그리고 위계적으로 결부되게 함으로써 향임의 실질적 권력이 향상되는 동시에, 그 향임을 맡게 되는 향족(鄕族)이 향촌사회에서 점차 사족보다도 더 강한 지배력을 갖게 된 것이다.

이렇게 해서 향임이 전정(田政)·환정(還政)·군정(軍政)에 아전과 마찬가지로 실질적으로 두루 개입하여 경제외적 수탈의 상당한 몫을 차지한 실례는 이미 앞에서 살려 보았거니와 정약용은 『목민심서』의 '용인'(用人)편에서 수령이 향청에 사품(査禀, 조사하여 보고함)을 지시하는 데서 오는 폐단을 다음과 같이 다시 예시했다.

"수령이 일에 밝지 못하고 스스로 노력하지 않는 자는 정사를 향청에 맡겨서 군송(軍訟, 군역 관련 소송)과 부소(賦訴, 賦稅 관련 소송) 등을 모두 사품(査禀)하게 하는데, 좌수(座首, 향청의 우두머리)가 아전과 함께 농간을 부려서 뇌물을 받고 사정(私情)을 두거나 간사한 자를 숨겨주고 정직한 자를 무고하는 일이 있다. 좌수의 권한이 한 고을을 덮는 것은 이 때문이

---

[288] 위의 글, pp.192~194.

다."²⁸⁹

"매양 보면 간특한 향임이 군송(軍訟)이 있어서 사품하라고 지시를 받으면 송민(訟民)에게서 뇌물 수천 푼(수십 냥)을 받고 첨명(簽名, 簽丁 즉 군적에 오른 이름)에서 제외시켜 준다든지 군리(軍吏)에게는 뇌물이 양이 차게 가지 않았으므로 실제로는 딴 사람을 첨명에 넣지 않는다. 뒷날 군포(軍布) 거두는 달이 되면 저 간특한 향임이 스스로 쌀과 포를 마련하여 군리에게 주는데 2년 후에는 그 송민에게서 다시 군포를 거둔다. 간특한 향임이 본래 먹은 돈은 수천 푼인데 토해내는 것은 4백 푼인 것이다(군포 1필의 값은 2백여 푼이다). 이에 송민이 놀라서 호소하면 간특한 향임과 교활한 아전이 서로 미루고 핑계대어 송민이 수령에게 바로 제소하려 하면 호랑이 같은 문지기가 있어서 맥없이 돌아갈 뿐이라. 이와 같은 일은 향리에 항상 있는 일이다."²⁹⁰

### (4) 아전 또는 이서(吏胥)

정약용은 지방의 아전과 이서에 대해, "백성은 토지로써 논밭을 삼지만, 아전들은 백성으로써 논밭을 삼는다. 백성의 껍질을 벗기고 골수를 긁어내는 것으로써 농사짓는 일로 여기고, 머릿수를 모으기 마구 거두어들이는 것으로써 수확하는 일을 삼는다"²⁹¹

---

**289** II-119.

**290** II-119~120.

**291** II-68.

고 하였다. 사실 아전들의 농간은 서기(書記)가 주모가 되는 것이었지만,[292] 농민에게는 농작 상황을 살피려 들판에 나가는, 즉 간평(看坪)하는 아전인 서원(書員)이[293] 직접적인 이해관계의 관건이 쥐어진 실질적인 권력 행사자였다.

수령은 "전제(田制)와 세법(稅法)과 창름(倉廩)의 계수에 관해서는 일자반구(一字半句)도 일찍이 배우고 익히지 않았는데",[294] 또한 조선 후기에 수령은 임기를 채우는 경우가 극히 드물게 자주 교체된 반면에,[295] 아전은 한 지역에서 거의 세습적으로 직위를 차지하고,[296] 행정실무를 도맡고 있었다.[297] 이런 사회적 조건

---

[292] II-98.

[293] 이 서원의 간평에 대해서는 앞에서 논급되었으며, 그 상황이 자세히 기록되어 있다(II-147, 208~211, 213~217).

[294] III-10. 그리고 "문신(文臣)은 젊어서 시부(詩賦)를 익히고, 무신(武臣)은 젊어서 활쏘기를 익히니… 올연히 뭇 아전과 만백성 위에 홀로 앉아 평생 꿈에도 못 본 일을 맡게 되니, 일마다 몽매함이 당연한 이치다"(II-83).

[295] "지금의 수령은 길어야 혹 2년 가고 그렇지 않으면 몇 달만에 바뀌게 되니 그 됨됨이가 주막에 지나가는 나그네와 같다"(I-13) 물론 『경국대전』에는 수령의 임기가 1,800일(특수한 경우에는 900일)로 규정되어 있다. 또한 수령은 자기의 고향에는 보임되지 못한다는 상피제(相避制)도 적용받고 있었다.

[296] 이서의 충원은 기본적으로 세습으로 이루어졌는데, 이 경우 이서(吏胥)로서의 기능적(技能的) 자질이 전제조건으로 요구되었기에, 그 세습성이 엄격히 지켜지지는 않았다. 金弼東, 『朝鮮後期 地方吏胥集團의 組織構造』, 서울대학교, 1982, p.67 참조.

[297] 정약용은 아전을 "귀신같이 간특하고 교활한 무리"라고 표현하였다(III-10).

위에서 수령은 실질적으로 지배력을 장악해서 지배하지 못했고, 또한 봉건적 수취를 외면하거나 봉건적 수취 메카니즘에서 벗어나 있는 것이 아니었다. 수령체제(또는 守令權)의 기능은 봉건적 수취를 강화내지 가혹하게 해야 하는 구조적 조건이 있었고, 수령도 그 수취 메카니즘 속에서 경제적 잉여를 자기 몫으로 차지해서 경제적 토대를 형성시켜야 했다. 이런 조건이 이서의 행정기능과 권력을 강화시키는 데도 적극 작용했다. 이렇게 해서 이서 집단은 향촌사회에서 경제적으로나 정치적으로나 지배력을 확대시켜 나가게 되었다.

이서는 농민에게서 징수하는 국납(國納)의 읍징(邑徵) 중에 그들의 소용을 위한 항목을 설치해서 징수했고(앞에서 살펴보았듯이 준합법적인 것으로 되었다), 또 하나의 중요한 물적 토대로서 계방촌(契房村)을 두고 있었고, 그 외의 여러 방법을 동원했다.[298] 이서는 그들의 이익을 확보하고 지배력을 강화하는 데서 수령과 제휴하는 것은 물론 수령을 배제하기도 했고, 감영(監營)의 영리(營吏)와 결탁하기도 했고, 심지어 감사나 중앙의 권귀(權貴)와 제휴하기도 했다.[299] 봉건적 수취에서 궁극적으로는 수령과 이서는 이해관계가 상반되는 것은 아니었지만 수령의 행정 집행은 이서에 의존함으로써 향촌사회에서는 이서가 더욱 더 위세를 키우고

---

**298** 앞에서 國納과 계방촌은 논급되었다. 金弼東, 앞의 글, pp84~92에 의하면, 예전(禮錢 또는 例錢, 신입자의 新禮錢이나 각 房任들의 差列錢), 書庁·庫子·通引庁·官奴庁·使令庁과 같은 하위 기구와의 공동부담, 屬寺, 庁田畓 등으로부터 충당되었다.

**299** 金弼東, '朝鮮後期 地方統治構造에 대한 社會史的 一考察', 『韓國社會學研究』 제6집, 1982, 특히 pp.64~69 참조.

사족(士族)을 능가하게 되었다.³⁰⁰

### (5) 호민(豪民)

『목민심서』에 자주 등장하는 호민(豪民)·토호(土豪)·부민(富民), 여항 부인(閭巷富人) 등은 대체로 본래 사족(士族)이 아니었던 상민(常民)으로서 양반으로 신분을 상승해서, 첨정(簽丁)에서 빠지고, 아전과 결탁해서 방납(防納)의 여러 민폐를 만들어내고, 계방촌(契房村) 내지 계호(契戶)를 만들어 온갖 봉건적 수취의 굴레에서 벗어나면서 영세한 농민에게 그 부담을 전가시키고 가중시키면서, 새로운 세력으로 등장했다. 그런데 더 나아가서 이 호민이 바로 봉건적 수취 메커니즘 속에서 농민에 대한 수탈의 일익을 담당했던 것도 살펴볼 필요가 있다.

조선 후기의 봉건적 수취 메카니즘의 토대적 조건을 고려해 볼 때, 결세(結稅 즉 田稅)를 전부(佃夫)가 스스로 납부하지 못하는 조건에 주의해야 한다. 먼저 조세부과의 대상이 되는 토지에 대한 양전(量田)이 체계적으로 그리고 철저하게 시행되지 못함으로써 토지의 수에 대한 정착한 파악이 불가능하였고, 동시에 매년의 곡물 작황(作況)이 수령의 행정적 기술적 능력으로는 직접 확인될 수 없었고, 아전의 기능도 이점에서 완벽한 것은 아니었으

---

**300** 호남의 아전들이 부녀자를 옥교에 태워 길을 가면서 "가난한 선비를 만나면 소리를 버럭 질러 비켜나게 하고, 그 남자는 말을 타고 뒤에 따르면서 말을 달리면서 지나친다"고 하여 아전의 위세를 보여주었다. 또한 "이것은 모두 수령 된 자가 아전과 함께 한 패로 농간을 부리고 오직 아전에게 아첨하여 아전이 듣기 싫어하는 것은 일언반구도 감히 입에 내지 못하여 점차로 이 지경에 이른 것이다"고 하여 수령이 아전에 결탁한 면모를 보여 주었다(IV-82).

며, 또한 전부(佃夫)가 납부해야 할 현물(즉 곡물)을 납부되어야 할 장소인 관청이나 조운(漕運)을 위한 창고까지 운송해야 하는 운반수단과 도로가 발전되어 있지 못하였다.[301]

그리하여 조세의 수취방법에서 납부자인 전부(佃夫)와 수납자인 수령 사이에 매개기관이 있게 됐는데, 이것이 곧 '8결 작부제'였던 것을 앞에서 살펴봤다. '8결 작부제'(八結作夫制)는 민간인의 중간개입을 허용한 것이다. 작부제는 한편으로는 향촌사회에서 수취 토대조건의 불완전 상태에서 결세(結稅)를 공동으로 납부하는 하나의 대응책이기도 했고, 다른 한편으로는 국가의 말단 징세수취기관의 기능을 수행하하는 것이었다. 그런데 농사 작황(作況)의 파악이 이미 아전과 백성 사이, 그리고 백성들 사이의 권력 내지 계급적 요인에 의한 관습적 타협에 의해 이루어지고 있었고, 여기서 우리는 앞에서 호민(豪民)이 아전과 결탁하여 방납(防納)하는 방법을 강구하게 된 사실을 살펴볼 수 있었다.

그런데 이 '8결 작부제'에서 주목할 점은 '호수'(戶首)이다. 법제적으로도 "1부(夫) 중의 호실한 자를 골라 호수(戶首)로 삼아 그 부내의 전부(佃夫)로부터 부세를 받아 관에 바치는 책임을 진다"고 규정하였으니, 호수는 작부(作夫)에 의한 징세자이다. 그런데 이 호수의 사회적 성격에 대하여 아직 명확히 규명되지 못하고 있다.

'8결 작부 호수제'는 1744년에 반포된 『속대전(續大典)』에서 법조문화되었는데, '호전'(戶典)의 '수세조'(收稅條)에 "토호(土豪) 관속배(官屬輩)로서 민결(民結)을 겁탈하여 역가(役價, 부세의 뜻)

---

**301** 李榮薰, 위의 글, 특히 pp.75-82.

를 강제로 징수하는 자(속칭 養戶라고 한다)는 장물(臟物)의 경중을 헤아려 도형(徒刑)·유형(流刑)으로 죄를 다스린다"라고 규정되었다. 정약용은 옛날에는 토호(土豪)가 잔호(殘戶)를 은폐해 사사로이 사역하고 공역(公役)에는 응하지 않게 하는 것을 양호(養戶)라고 일컬었다고 했는데,[302] 이로써 보면 민결(民結)를 취하여 방납을 하는 양호는 아전과 토호가 하는 짓인데, 이 토호에는 호수(戶首)가 된 자도 있는 것이다.[303] 즉 호수는 거의 토호가 맡는 것으로 볼 수 있겠다. 아전의 양호(養戶)는 다음과 같다.

"간활한 아전이 작부(作夫)할 때 민결(民結)을 그저 취하여 제역촌(除役村)으로 옮겨 기재하고, 이에 그 백성으로 하여금 쌀을 바치게 하기를 방납(防納)의 경우와 같게 하고, 이에 스스로 양세(兩稅, 田稅와 大同)를 바치고 그 나머지를 먹는데 이를 양호라고 한다. 예를 들어 인결 1결에서 쌀 45두를 거두면 20여두로써 스스로 양세를 납부하고 그 나머지 25두는 그 자신이 먹어버리는 것이다."[304]

호수(戶首)는 수세하는 노역의 대가로 약간의 미곡을 추가 징수하는 것이 하나의 관례였는데, 그 추가 징수분의 수량이 결코 적은 것이 아니었다.[305] 더 나아가서 호수가 소위 양호(養戶)

---

302   2-226

303   『朝鮮 民政 資料』中 居官大要 278항에 양호가 되는 자에는 아전·戶首 등이 있으니 방결(防結)은 아전만이 하는 것이다.

304   II-227.

305   앞서 田稅의 計定 중에 國納를 다룰 때, 쇄렴(碎斂)의 문제로 이 점을

로 변모하게 되면 호수는 봉건적 수취 메카니즘에 편승해서 직접적으로 농민을 가혹하게 수탈했던 것이다. 그 호수는 경우에 따라 토호 품관(土豪 品官)이기도 하였고, 이들은 하나의 작부(作夫)만 맡는 것이 아니라 수십개의 작부를 맡기도 하였으며, 이들의 수탈은 전부(佃夫)가 지는 국역(國役)을 초과하는 것이었다.

"… 대개 양호(養戶)를 많이 하는 자는 수십 개의 8결(八結)을 취합하며 적게 하는 자라도 십여 개의 8결을 내려가지 않습니다. 1결에 걷는 것이 정조(正租)로 100두인데, 더구나 소봉(所捧)하는 말(斗)이 매우 커서 작인(作人)들이 실제로 바침이 거의 120~130두나 됩니다. 요컨대 각 읍의 결당(結当) 세액이 미(米) 24두를 지나지 않는데, 양호들이 거두는 것이 그 수가 배나 됩니다. 그 해(害)됨이 이루 말할 수 없을 지경입니다. 또한 양호 가운데 심한 자는 100두의 예를 쫓지 아니하고 전세(田稅)·대동관수(大同官需) 및 시초(柴草)·탄거가(炭炬價) 등을 구실로 더욱 더 걷지 않을 때가 없으며, 심지어

---

제시한 바 있다. 다시 말하자면 國納의 計定에서 쇄렴하는 쌀은 12석이며, 12석은 180두이며, 180두는 1800승인데, 이 쇄렴을 결렴(結斂)에 나누어 붙이면 5홉짜리가 3600단위로 나누어진다. 만약 한 고을에 稅 부담 농토의 실결(實結) 전총(田總)이 3,600결이면 매 1결당 쇄렴미가 5홉에 불과하고, 1결의 세가 실제 납부의무자 여러 사람으로 한 단위가 되었다면, 그 사람들에게 5홉이 세분된다. 그러므로 1홉 미만 되는 것은 모두 1홉을 거두고, 1홉을 거둘 것은 모두 반 되를 거두게 되니, 법대로 거두자면 12석에 불과한 것이 농민이 실제로 바치게 된 양은 수백 석이 되는데, 이것이 세곡을 거두는 호수(戶首)의 이득이 되고, 이것을 또 아전의 걸복(乞卜)·조복(阻卜)으로 뜯어낸다는 것이다.

치계(雉鷄)·빙정(氷丁) 및 빙고(氷庫)수리 등에 이르기까지 각각 징가(徵價)하니 그 침학하는 바의 구실이 천백 가지나 됩니다. 작게는 그릇, 의복으로부터 크게는 우마(牛馬) 전토(田土)들도 모두 (납세를 못할 경우에) 그 가격을 매겨 약탈하여 버리니, 그러므로 양호의 폐해가 백골징족(白骨徵族)보다 심한 바입니다…."[306]

이 양호는 크건 작건 호수로서 하지 않는 자가 없었다고 하니, 이들이 "향촌에서 존재한 거대한 중간수탈 권력이었다고 해도 좋을 것이다."[307]

---

[306] 이 글은 『承政院 日記』숙종 43년 8월 30일 신해(辛亥)조에 나오는 것인데, 이영훈, 위의 글, pp.83-84에서 재인용함.

[307] 이영훈, 위의 글, p.84.

## Ⅳ 맺음말

조선 후기에서 향촌사회의 지배구조는 국가 수준에서 설치된 봉건적 수취체제에 조응해서 나타나는 세력들의 계급관계로 구축된 것이라고 볼 수 있다. 봉건적 수취가 가혹해지면서 왕권과 긴밀히 제휴했던 향촌의 사족(士族)은 점차 중간권력으로부터 소원해지면서 향촌사회에서조차 그 지배력이 상대적으로 또는 절대적으로 약화되었고(사족이 적어도 경제적 기반을 재생산해 내지 못하는 한에 있어서), 왕권은 사족 중에서 극히 일부만 관료로 선출해서(그러나 관직의 수로 보면 상대적으로 과잉이었다) 수령으로 임명하되 자주 교체시켰고, 그 결과 내건 의도와 달리 봉건적 수탈을 더욱 심화시키게 되었다. 수령의 위로는 감사가 군림해 있었고, 수령체제의 하부 구성으로서 아전과 향청의 향임이 수취 행정에 긴밀히 통합돼 있었고, 민간부분에서 새로이 부상한 호민(豪民) 세력이 수탈의 매개적 기능을 맡았다. 이 삼자가 영세한 소작 농민에 대한 직접적인 수탈을 맡아서 향촌사회의 실질적 지배계급으로 구조화되었다.

    조선 후기의 농민사에 대한 연구는 농민의 생활구조에서 봉건적 수취체제가 어떻게 작동하고 있느냐 하는 문제를 규명하는 데 초점이 놓여야 한다고 생각한다. 그것은 봉건제 생산양식 자체의 특성을 규명하는 동시에 그것이 제기한 구조적 모순도 적나라하게 규명해 주는 것이다. 정약용의 『목민심서』는 목민관인 수령이 실질적으로 유념해야 할 문제를 다룬 한계성 속에서도 실로 봉건적 수탈 메카니즘의 본질과 그것이 작동하여 모순을 야기한 모든 사실을 구체적으로 설명해 주고 있는 귀중한 자료다. 물론 이 자료만으로 조선 후기의 농민 분해를 완벽하게 설명해 주고 있는 것은 아니다. 그럼에도 불구하고 『목민심서』는 국가와 지배계급, 그리고 농민 사이에 전개된 수탈의 동태적 과정을 적실하게 묘사하고 있다.

　봉건적 수취체제를 충분히 규명하기 위해서는 적어도 두 가지 문제를 같이 해명해야 한다고 생각한다. 첫째, 생산력의 문제이다. 여러 연구에 의하면 조선 후기에 농업의 생산력이 일반적으로 향상되었고 그것에 힘입어 상업과 공업 부분에서도 상당한 성장이 있던 것으로 지적되고 있다. 그런데 문제는 대토지 소유자의 성격, 그리고 토지에의 투자에서 발생하는 이익과 다른 경제활동에 투자해서 발생하는 이익과의 비교, 그리고 토지에 투자해서 수취하는 소작료가 다른 경제행위로부터 발생하는 이득 수취의 확보보다도 절대적으로 안전의 우위성을 갖게 하는 구조적 안전장치 등이 규명되어야 한다는데 있다. 만일 농업 외의 영역에서 발생한 경제적 잉여가 소작료를 취득하기 위하여 토지에 투자되는 경향이 있었다고 한다면, 농업의 봉건적 생산양식에서 배태된 모순이 가열됐다고 하더라도 사회구성의 변이를 촉진하는 힘은 그만큼 제약될 수밖에 없었을 것이다.

　둘째는 조선의 봉건적 수취체제에서 수령체제가 갖는 의미가 규명되어야 한다. 수령체제가 지배계급이 토지에 관련되는 주된 메카니즘이라면, 수령체제가 봉건적 수취 메카니즘의 핵심이었던 것이다. 이것을 중심으로 국가와 지배계급의 관계 및 그 관계의 재생산 문제가 전개됐다고 생각하면, 조선 후기에서 수령의 잦은 교체 문제는 수령의 행정력이 확고하게 합리적으로 집행되지 않는다는 측면에서 다루어질 문제가 아니라, 왕권이 제휴했던 사족(士族)의 증대에 대응해서 제한된 '관료'의 직위에 사족의 충원 순환을 가속시킴으로써 왕권의 제휴세력을 확보해 가는 측면에서 고려되어야 할 문제였던 것이다. 물론 이 점은 조선 후기의 지배계급이 세도정치[308]를 하게 되는 과정과 밀접히 연관되는 것이겠지만, 그렇게 수령의 충원 순환을 가속화해서 수령들(선택된 사족들)로 하여금 일정한 봉건적 수취의 혜택을 갖게 했고, 따라서 봉건적 착취의 모순을 심화시키게 된 것이었고, 이것은 봉건적 질서의 문란이 아니라 봉건적 수취체계의 정상적인 기능작용이라고 이해되어야 할 것으로 생각한다.

　　이렇게 본다면 정약용이 『목민심서』의 제일 첫머리에서 "다른 관직은 구할 수 있으나 목민의 관직은 구해서는 안 된다"(他

---

**308**　보주 1800년에 정조가 급서하고 극소수 양반 집안이 권력을 장악해서 조선을 지배하게 되었다. 이것을 세도정치라고 한다. 1863년 어린 고종이 즉위하고 흥선대원군이 섭정해서 세도정치를 타파한 것 같았지만 사실 극소수 양반 집안의 지배는 이어졌고 이것들의 발호는 결국 매국-망국으로 이어졌다. 홍국영이 시작했지만 일찍 몰락했고, 신 안동(장동) 김씨인 노론 김조순이 장악해서 가히 안동 김씨와 노론의 나라를 만들었다. 풍양 조씨, 반남 박씨, 연안 이씨, 대구 서씨, 풍산 홍씨 등이 세도 정치의 6대 집안이었고, 민비에 설치며 여흥 민씨가 이 패에 들어서게 되었다. 7대 매국노의 한 명이자 조선의 최고 부자였던 민영휘는 민비의 조카뻘이었다.

官可求 牧民之官 不可求也)**309**고 한 진술을 우리는 정약용이 보여준 조선 후기 사회구성의 본질적 핵심 문제에 대한 인식논리의 첫 단서가 되는 것으로 보아야 할 것이다. 지배계급이 수령체제를 기축으로 하여 재생산되며, 따라서 지배계급은 목민의 직위를 추구하는 것이 당연한 사회적 원리라고 한다면, 위와 같은 정약용의 진술, 즉 구해서는 안 된다는 주장은 봉건적 수취체제를 근본적으로 부정해 가는 인식논리에 있다고 상정해 볼 수 있을 것이다. 이 점에 대한 해명을 위해 한편으로 수령체제의 성격과 다른 한편으로는 정약용의 인식체계가 모두 특징적으로 규명되는 작업이 요청된다.

사회구성의 모순은 계급관계에서 상호대립의 문제를 제기한다. 이 글에서는 봉건적 착취 메카니즘에 농민이 대응하는 농민의 저항운동은 다루지 못하였다. 조선 후기에 필연적으로 발생하게 된 농민 반란들은 봉건적 수탈체제에 수반된 또 다른 본질적인 역사과정이다. 봉건적 수취체제의 모순과 농민반란의 관계가 유기적으로 규명된다면 한국 근대사에서 사회구성의 변이가 특징적으로 규명되는 중요한 단초를 찾게 될 것이라고 생각한다.**310**

---

**309**  보주 관직을 하려는 자에 대한 경고의 문구다. 다른 관직은 온갖 연줄로 구한다고 해도 백성의 삶을 직접 좌우하는 목민관(수령)의 관직은 그렇게 하지 마라는 것이다.

**310**  보주 정창열, '조선 후기 농민봉기의 정치의식'『한국인의 생활의식과 민중예술』성균관대학교 대동문화연구원, 1983; 고석규,『19세기 조선의 향촌사회 연구』, 서울대출판부, 1998; 고성훈 외,『민란의 시대: 조선 시대의 민란과 변란들』, 가람기획, 2006 등을 참고.

## 참고자료

이익, 이익성 역, 『星湖雜著』 삼성문화재단, 1972

정약용, 이익성 역, 『茶山論叢』, 을유문화사. 1972

정약용, 다산연구회 역, 『역주 목민심서』, 창작과 비평사, 1978~85.


金仁杰, '朝鮮 後期 鄕權의 추이와 지배층 동향-忠淸道 木川縣 事例-', 『韓國文化』2

金弼東, 『朝鮮 後期 地方吏胥集團의 組織構造』, 서울대학교, 1982

_____, '朝鮮 後期 地方統治構造에 대한 社會史的 一考察', 『韓國社會學研究』 제6집, 1982

李榮薰, '朝鮮 後期 八結作夫制에 대한 연구', 한국사연구회, 『韓國史研究』 29호, 1980

徐錫興, 「舊韓末 地方衙前의 經濟活動에 관한 硏究-利川郡 書記 尹起鵬에 대한 事例分析을 中心으로」, 서울대학교 경제학과 석사논문, 1983

서울大學校 東亞文化硏究所편, 『韓國政治經濟學事典』, 新丘文化社, 1976.

# 김진균의 학문과 사상

∙ ∙ ∙ ∙

## I 머리말

어느덧 김진균 선생(1937.11.20.~2004.2.14.)의 20주기를 맞게 되었다. 2000년 4월 초에 김진균 선생은 병이 깊다는 사실을 알게 됐다. 급히 수술을 하고 호전되는 것으로 보였으나 그렇지 않았고, 결국 만 4년을 얼마 앞두고 오셨던 곳으로 영원히 돌아가시게 되었다. 많은 사람들이 몹시 안타까워하고 아쉬워했다. 20년의 세월이 지나면서 그 분들 중의 많은 분들이 세상을 떠나셨다.

김진균 선생이 돌아가셨을 때 나는 마흔 살이었다. 쉰 살에 선생의 10주기를 맞아 『김진균 평전』을 썼고,[1] 이제 예순 살에 선생의 20주기를 맞아 이 글을 쓴다. 이 글의 내용은 선생의 미발표 논문인 '조선 후기 농민의 생활구조'의 출간을 계기로 해서 선생의 학문과 사상을 후학들에게 대략적으로 제시하는 것이다.

많은 사람들이 김진균 선생을 '실천적 지식인'으로, 친절한 어른으로 기억하고 추모했다. 그런데 김진균 선생의 본체는 학

---

[1] 나는 『김진균 평전』이 김진균 선생의 충실한 이해를 위한 '전기'(傳記)이자 한국 사회학사의 주요 연구서로 읽히는 것을 목표로 했다. 그러나 내 목표는 잘 이루어지지 않았다. 미흡한 역량으로 큰일을 해야 했던 것이 대단히 송구스럽고 유감스러울 따름이다. 이 글도 『김진균 평전』을 기초로 한다.

**사진 1** 김진균 선생님의 영결식 – 대학로 마로니에 공원의 영결식장
사진: 이지원(2004)

자였다. 학문을 연구하고 제자들을 교육하는 것이 김진균 선생의 본체였다. 김진균 선생의 실천은 학문을 실현하는 것이었다. 김진균 선생은 실천에 앞서서 학문의 면에서 기억되고 연구돼야 하는 분이다. 김진균은 사회학자에서 나아가 사회사상가가 되었고, 그 바탕에는 언제나 현실에 대한 천착과 개혁에 대한 의지가 있었다.

    이 글에서는 김진균 선생이 학자로서 이룬 성과를 학문과 사상의 두 면으로 나누어 제시해 보려고 한다. 학문은 진리를 목표로 사실과 이론을 탐구하는 고된 활동이며, 기존 연구의 검토와 학자들의 협동이 반드시 필요하다. 학문에서 독자적 성과를 거두기는 결코 쉽지 않고, 사회적으로 전수되는 것은 더욱 더 쉽지 않다. 김진균 선생을 포함한 선학들의 연구를 한국 사회학사, 한국 사회이론사, 한국 사회사상사 등으로 대학에서 가르쳐야 한다. 그렇게 해야 학문이 계속 깊어지고 넓어진다.

    학문은 사회의 지적 기초이기에 중요한 것이다. 그런데 한국의 학문은 강력한 식민성, 종속성의 문제를 안고 있다. 이것은 자기 선생의 연구를 무시하고 외국의 연구를 수입하는 문제로 압

축할 수 있다. 물론 외국의 연구도 적극 공부해야 한다. 그러나 우리와 자연, 역사, 사회가 다 다른 외국의 연구로 우리를 설명하는 것은 본질적인 한계를 가질 수밖에 없다.[2] 학문이 바로 서지 못한 결과 진보를 내세운 퇴보, 정의를 내세운 불의도 마구 자행된다.

---

[2] 단재 신채호(1880~1936) 선생의 유명한 말씀을 언제나 유념해야 한다. "우리 조선 사람은 매양 이해(利害) 이외에서 진리를 찾으려 하므로 석가가 들어오면 조선의 석가가 되지 않고 석가의 조선이 되며, 공자가 들어오면 조선의 공자가 되지 않고 공자의 조선이 되며, 무슨 주의가 들어와도 조선의 주의가 되지 않고 주의의 조선이 되려 한다. 그리하여 도덕과 주의를 위하는 조선은 있고, 조선을 위하는 도덕과 주의는 없다. 아! 이것이 조선의 특색이냐, 특색이라면 특색이나 노예의 특색이다. 나는 조선의 도덕과 조선의 주의를 위하여 곡(哭)하려 한다"(신채호, '낭객(浪客)의 신년만필', 《동아일보》 1925.1.2.). 단재 선생은 역사학자이자 의연한 독립전사였다. 단재 선생은 이을규·정규, 백정기, 정화암, 이회영 선생 등과 함께 아나키즘 독립운동을 대표했고, 김원봉 장군의 의열단에 참여해서 1923년 1월 의열단 선언인 '조선혁명선언'을 집필했다. 단재 선생은 1929년 5월 일제에 체포되어 징역 10년형을 선고받았고, 고문 후유증과 옥고에 시달리다가 1936년 1월 만주의 뤼순 감옥에서 병사했다. 단재 선생의 가족들도 일제와 이승만 부일 비리 정권의 억압에 시달렸다. 1986년 출판사 한길사에서 '단재상'을 만들었고, 김진균 선생은 1989년 제4회 단재상을 수상했다.

사상(思想, thought)은 학문보다 훨씬 자유로운 생각의 표현이다. 사상에서 기본적인 것은 체계적인 진술이라는 외적 형태이나 핵심적인 것은 그것이 담고 있는 내적 주장이다. 학문으로 뒷받침된 사상이 있고, 그렇지 않은 사상이 있다. 전자는 진리와 진실을 결합해서 사회 변화를 추동하는 힘을 가지나, 후자는 그렇게 될 수 없으며, 후자가 그렇게 되는 것은 심각한 사기나 세뇌의 산물이기 십상이다. 물론 학문의 탈을 쓴 사기도 대단히 많다.

김진균 선생은 평생 사회학자로서 정체성을 갖고 학문에 정진하는 동시에 좋은 사회를 만들기 위한 실천에 헌신했다. 학문은 알뛰세가 말한 대로 '이론적 실천'으로서 중요하지만, 선생은 좋은 사회는 반드시 이론의 실천[3]을 요구한다고 확신했고, 이런 관점에서 '실천적 이론'을 적극 추구했다. 학문에서는 기존 연구와 현실에 대한 탐구로 이론을 세우고자 했고, 사상에서는 학문의 성과를 기초로 화이부동과 상자이생의 대동세상을 평생 실천했다.

---

3 이론을 말과 글로 제시하고 끝나는 것이 아니라 그것을 실현하기 위해 자기 몸으로 직접 실천하는 것이다. '이론적 실천'은 이론을 실천의 한 방식으로 제시하는 것이나 비실천의 알리바이로 악용되기 쉽다. 김진균은 이 사실을 언제나 깊이 경계했다.

## Ⅱ 김진균의 학문

학자로서 김진균은 서울대 사회학과에서 형성됐다. 김진균은 1937년에 경상남도 진주에서 태어났다. 원래 '이과'로 해양 기술자를 꿈꿨으나 사회 문제에 큰 관심을 갖게 되어 '문과'로 옮겨서 1957년 3월 서울대 사회학과에 입학했다. 김진균은 1961년 3월에 대학원을 진학해서 학자의 길로 나아가기 시작했다. 김진균의 주전공은 노동과 산업이나, 여기서 나아가 근대화와 사회 변동에 대해 평생 연구했다.

표 1 김진균의 대학 입학에서 퇴직까지

| | |
|---|---|
| 1957년 3월~1961년 2월 | 서울대 사회학과 학부 |
| 1961년 3월~1964년 2월 | 서울대 사회학과 석사 졸업 |
| 1964년 3월~1966년 2월 | 서울대 사회학과 박사과정 수료 |
| 1968년 1월 | 서울대 상대 교수 부임 |
| 1975년 2월 | 서울대 사회학과 교수 부임 |
| 1980년 7월~1984년 8월 | 전두환 무리에 의해 강제 해직 |
| 1984년 9월 | 서울대 사회학과 교수 복직 |
| 2003년 2월 | 서울대 사회학과 교수 정년퇴임 |
| 2004년 2월 | 별세 |

김진균의 학문은 사회학자로서 수행된 것이다. 사회학은 19세기에 유럽에서 형성된 학문으로서 다시 말할 필요도 없이 사회에 대해 연구하는 학문이다. 그런데 세상에는 수많은 사회들이 있고, 사회들은 저마다 다 다르다. 여기서 우리는 개별-특수-보편의 구분과 연관에 유의해야 한다. 개별은 각각의 사회들에, 특수는 비슷한 사회들에, 보편은 전체 사회들에 해당된다. 구미(歐美[4], 유럽과 미국)의 연구에서 우리가 배울 것이 있지만 우리와 맞지 않는 것도 많다. 구미에서 보편으로 제시된 것도 그렇다. 이 차이를 올바로 인식하지 않고 구미의 연구를 그냥 수입하는 것은 지적 식민성, 종속성을 실행하는 것일 뿐이다.

김진균은 학자의 길에 들어선 초기부터 이 사실에 크게 유의했다. 그는 우리의 현실을 올바로 이해하고 싶어 했고, 그렇게 해서 이 나라를 올바로 개혁하고 싶어 했다. 여기에는 스승인 이상백(1904~1966) 선생의 영향도 크게 작용했다. 우리의 현실을 올바로 이해하기 위해서는 우리의 현실을 천착한 선학들의 연구를 공부해야 하고, 우리의 현실을 질적·양적 양 면에서 다양한 방법으로 직접 조사하고 확인해야 한다. 김진균은 학생 때부터 실학자들을 존경하고 공부했으며, 특히 다산 정약용 선생을 사표로 삼았다. 이와 함께 여러 사회조사 연구에 참여해서 우리의 현실을 적극 탐구했다.

김진균은 1975년에 서울대 사회학과로 옮겨서 본격적으로 사회학 강의를 하게 되었다. 그리고 그 해 10월에 이우성

---

[4] 유럽을 한자로 歐羅巴로 표기하며, 미국(美國)은 아메리카에서 메를 강조해서 한자로 표기한 것인데, 일본은 미국(米國)이라고 쌀 미 자로 쓴다.

(1925~2017) 선생을 대표로 여러 학자들과 함께 '다산연구회'를 만들어서 공동학습을 시작했다. 1975년은 박정희의 유신 독재가 한층 강화된 해였다. 특히 4월 8일 '인혁당 재건위'의 사형 확정과 4월 9일 새벽 사형 집행은 '세계 사법사상 암흑의 날'로 기록되었다. 극악한 고문으로 사건을 조작해서 8명의 무고한 사람들을 사형에 처했던 것이다. 시인 양성우는 이런 참혹한 상황을 '겨울 공화국'이라는 시로 고발했다.[5] 그리고 김진균을 포함한 8명의 학자들은 다산 선생의 『목민심서』를 읽고 번역하는 것으로 이 무참한 시대에 맞서고자 했다.[6]

---

[5] 박정희 독재는 극악한 사법 살인 범죄에 이어 12월에는 '대마초 파동'을 벌여서 연예인들을 대거 처벌하는 것으로 국민들에 대한 억압과 통제를 강화했다. '대마초 파동'은 온갖 비리와 엽색의 범벅이었던 박정희 독재를 도덕적인 것으로 보이기 위해 자행된 것으로 대중문화를 극심한 침체와 퇴보를 야기했다.

[6] 김진균의 다산연구회 활동에 대해서는 『김진균 평전』의 76~80쪽을 참고. 1978년 10월에 이우성 선생(한문학, 1925~2017)을 좌장으로 강만길(국사, 1933~2023)·김경태(국사, 1931~1993)·김진균(사회학, 1937~2004)·김태영(국사, 1937~2022)·임형택(한문학, 1943~ )·정창렬(국사, 1937~2013)·안병직(경제학) 교수 등이 시작했고, 1981년에 『역주 목민심서』 3권을 발간할 때 박찬일(한국경제사, )·성대경(한국사, 1932~2016)·송재소(한문학, 1943~ )·이동환(한문학, )·이만열(한국사, 1938~ )·이지형(한문학, 1931~2020)·정윤형(경제사상사, 1937~1999)·김시업(한문학, 1943~ ) 교수 등이 참가했다고 한다('『목민심서』 번역·주석 완결', 《중앙일보》 1985.11.12. 이 기사에는 '오류'가 있다.). 1980년 무렵부터 '낙원표구사'의 이효우(1941~ ) 사장은 사무실의 한쪽에 다산연구회가 모여서 공부할 자리를 제공해서 '다산연구회의 명예회원'이 됐다. 1980년 7월에 전두환 독재는 이우성, 강만길, 김진균, 정창렬, 이만열, 정윤형 등 6명을 체포해서 구금하고 해직시켰다. 이우성은 1960년 4.19혁명에

『목민심서』(牧民心書)는 18-19세기 초 조선의 처참한 실상을 상세히 고발하고 구체적인 개혁 방안을 제시한 명저이다. 이 책은 현대 한국 사회를 이해하기 위해서도 반드시 참고해야 할 한국 사회학의 고전이라고 할 수 있다. '신제도주의'가 잘 보여주듯이 현대 한국 사회는 조선과 단절된 사회가 아니라 조선과 여전히 긴밀히 연결된 사회이다. 문화, 의식, 그리고 연줄의 면에서 한국은 조선의 연장에 있으며, 이 점에서 『목민심서』는 여전히 강력한 현실적 의미를 갖는다. 김진균은 '다산연구회'를 통해 이런 사실을 깊이 깨닫게 되었고, 이것을 진보적 사회학의 관점에서 정리하고 설명하는 장편의 논문을 쓴 것이다.

김진균은 1970년대 후반에 대학원에서 제자들과 공동학습을 적극 실행했다. 이런 경험과 성과를 바탕으로 1980년대에는 제자들과 공동학습을 더욱 적극 실행했다. 이 과정에는 1979년 3월의 크리스찬 아카데미 조작 사건, 10월의 부산-마산 항쟁과 박정희 사살, 12월의 전두환 군사반란, 1980년 5월의 '서울의 봄' 진압과 광주 학살/항쟁, 7월의 교수 해직 사태 등이 있었다. 김진균은 이런 급변과 고난의 시간에 대응해서 심하게 뒤틀린 현실의 혁파를 갈구하는 제자들과 실천적 이론의 연구를 더욱 깊고 넓게

---

참여해서 1961년 박정희 독재에 해직된 것에 이은 두번째 해직이었고, 정창렬은 1979년 크리스찬 아카데미 조작 사건으로 체포-고문-구속당하고 해직된 것에 이어 두번째 해직이었다. 안병직은 1980년대 초에 일본의 지원을 받아 일본에 잠시 머물고 귀국해서 조선의 자생적 발전을 부정하고 '식민지 근대화'론을 퍼트리기 시작했다. 안병직과 그 제자 이영훈은 부일 매국 세력의 지적 대표가 됐다. 이우성은 안병직의 변절을 강력히 비판하고 다시는 보지 않았다. 김진균도 그랬다.

수행했다. 이렇게 해서 김진균은 진보적인 청년-소장 연구자들의 대표로 여겨지게 되었다.

1983년 6월 김진균은 서울대학교 근처인 상도동에 제자들과 연구실을 차려서 '상도 연구실'이라고 이름을 붙였다. 이곳에서 많은 청년-소장 연구자들이 연결되어 함께 공부했다.[7] 그 성과는 놀라웠다. 불과 1년 뒤인 1984년 7월 김진균을 대표로 '산업사회연구회'(산사연)가 설립되었다. 산사연은 '산업사회학회'(산사학)로, 비판사회학회로 계속 발전해서 한국의 사회학을 지탱하는 한 축이 되었다. 산업사회는 김진균의 전공 분야이자 현대 사회의 본질에 가까운 것이기에 그를 대표로 진보적 사회학을 추구한 연구자들이 산업사회를 전면에 내걸게 되었다. 그것을 더욱 확장하면서 비판사회학회로 개칭했다.

이처럼 김진균의 학문은 산업사회학을 중심으로 하고, 조직사회학과 사회변동론이 결합되어 있었다. 이와 함께 김진균은 한국사회론을 평생 추구했다. 김진균은 조직의 형성과 운영에 초점을 맞춰 사회 구조를 파악했고, 사회변동론에서는 특히 근대화에 대한 비판적 이해에 힘을 쏟았다. 한국사회론은 스승인 이상백 선생의 뒤를 잇는 것이자 실천적으로 당연한 귀결이었다. 산업사회학의 연구는 자유주의와 사회주의를 모두 비판한 산업민주주의론으로 나아갔고, 조직사회학은 사회의 미시적 기초이자 실제적 작동방식을 탐구하는 것으로 나아갔고, 근대화에 대한 비판적

---

**7** 73학번 서관모, 74학번 임영일, 75학번 조희연 허석렬, 76학번 공제욱, 77학번 고훈석, 78학번 김준 윤수종, 79학번 노중기 등이 주요 제자들이었다. 서관모 교수는 제자들의 대표로서 김진균기념사업회의 운영을 총괄했다.

이해는 전통과 근대의 이분법을 비판하고 전통의 근대적 변형을 통찰한 '근대화의 봉건성'론으로 나아갔다. 한국사회론은 산업사회학, 조직사회학, 사회변동론의 연구를 기초에 두고 연줄의 형성과 기능에 초점을 맞춘 '연줄 결속체'론으로 정립됐다.[8]

　　1990년대에 들어와서 김진균은 새롭게 군사화 문제를 천착했다. 사실 김진균은 이 문제에 대해 이미 1960년대 초부터 깊은 관심을 갖고 있었다. 그도 그럴 것이 대학 4학년 때 적극 참여한 1960년의 4.19 혁명이 대학원 석사 과정 1학기 때인 1961년 5.16 반란으로 실패했기 때문이었다. 김진균은 비판적 근대화론의 관점에서 박정희 군사독재를 계속 비판해 왔는데, 1980년대에 제자들과 함께 맑스주의를 본격 공부하고, '경제의 군사화'라는 현대 자본주의의 구조적 상태에 깊은 우려를 갖게 되었다. 군사화 문제는 현대 사회의 지속성과 관련해서 결정적 의미를 갖는 문제가 아닐 수 없다. 김진균의 학문은 이에 대한 탐구에서 한 정점에 이르렀다.[9]

---

**8**　제자인 이기홍 교수(76학번, 강원대 사회학과 명예교수)가 설명했듯이 김진균의 '연줄 결속체'론은 한국 사회의 본질적 특징을 적실히 포착한 개념으로 중요하다. 이른바 '장충기 문자' 사건은 이 '연줄 결속체'가 어떻게 형성되고 작동되는가를 생생히 입증했고, 이 중요한 사건에 대한 연구가 제대로 이루어지지 않는 것도 바로 이 '연줄 결속체'로 설명될 수 있다. 『김진균 평전』의 101~105를 참고.

**9**　김진균은 1993년 가을부터 몇 사람들과 함께 군수산업에 관한 세미나를 진행했고, 1995년에는 미국 군수산업에 관한 연구, 1996년에 일본의 군사화에 관한 연구 등을 진행했다. 이 연구들의 실무는 홍성태가 맡았다. 그 결과는 김진균·홍성태,『군신과 현대사회-현대 군사화의 논리와 군수산업에 대한 연구』, 문화과학사, 1996과 김진균·홍성태,『한국 사회와 평화』, 문화과

이런 학문적 성과에 의거해서 살펴보면, 김진균의 학문은 크게 두 줄기의 기초를 갖고 있다. 이 기초는 처음부터 있던 것이 아니라 1960~80년대에 형성된 것이고, 1990년대 이후에도 약간의 변화는 있었으나 계속 유지된 것이다.[10]

첫째, 조선 중후반기에 200년에 걸쳐 나타난 개혁적 학자들인 실학자들의 연구이다. 실학자들은 자연, 사회, 인간, 예술을 모두 망라해서 실로 다양한 분야에서 많은 연구 업적들을 남겼다. 그 정점이 바로 다산 정약용 선생이고, 김진균은 평생 다산 선생을 마음에 새겼다.[11] 다산연구회의 다산 공동학습은 실학에 대한 연구를 정리하는 진전하는 과정이기도 했다. 그 핵심에 '자본주의 맹아론'이 있다. 이것은 조선도 자생적인 근대화의 과정에 들어섰으나 외세의 침략으로 좌절되고 왜곡된 것을 뜻한다.[12] 김진균은 다산연구회를 통해 다산을 비롯한 실학자들에 대해 넓

---

학사, 2007로 발간되었다.

[10] 이에 대한 김진균의 설명에 대해서는 '정년퇴임사'를 참고. 이 글은 『김진균 평전』에 '부록'으로 실려 있다.

[11] 김진균은 말년에 자신의 학문을 돌아보고 쓴 글에서 "내 글에는 특히 다산 정약용의 사유가 많이 스며들어 있을 것이다"라고 다산의 큰 영향을 밝혔다. 『김진균 평전』, 54쪽 참고. '살아 숨쉬는 학문을 일구기 위해'라는 제목의 이 글은 『끝나지 않은 강의』라는 책에 실렸다. 이 책은 서울대에서 펴낸 서울대 명예교수들의 글 모음으로 김진균이 세상을 떠난 직후인 2004년 2월 25일에 출간됐다.

[12] 이른바 '식민지 근대화론'은 조선의 자생적 발전을 부정하고 일본이 조선을 근대화시켰다는 극악한 부일 침략 칭송론이다. '식민지 근대화'는 이를테면 가축을 잘 기르는 것과 같은 것이다. 가축의 수가 늘어나고 건강이 좋아지는 것은 가축주를 위한 것이지 가축을 위한 것이 아니다.

고 깊게 공부했을 뿐만 아니라 역사와 사회에 대해서도 넓고 깊게 공부할 수 있었다.

둘째, 비판적 근대화론이다. 근대화론은 1950년대 미국에서 미국과 소련의 냉전을 배경으로 제기된 현대 사회의 발전론이자 제3세계의 개발론이다. 근대화(modernization)은 서구에서 시작되어 지구 전체로 퍼진 거대한 역사적 변동의 과정으로 자유화, 합리화, 공업화, 자본화, 개인화, 다양화 등을 핵심으로 한다. 맑스는 자본화에 초점을 맞춰서 근대화를 비판하고 그 전면적 극복을 주장했고, 베버는 합리화에 초점을 맞춰서 그 성과와 문제를 탐구했다. 김진균은 당시의 사회학이 그랬기에 파슨스가 해석해서 퍼트린 베버의 주장을 기본으로 근대화에 대해 공부했으나 전통과 근대의 이분법에 의문을 품었고 근대화론을 비판적으로 검토하고 비판적 근대화론을 추구했다. 김진균은 이론적으로 맑스, 베버, 파슨스를 넘어서 좋은 전통을 이어가고, 실천적으로 빈자와 약자가 소외되지 않는 좋은 사회를 이루고자 했다.[13]

---

[13] 김진균은 이를 위해 사회운동과 정치운동에 적극 참여하게 되었다. 그의 운동과 정치는 '진보 정치'가 아니라 '민중 정치'로 파악될 필요가 있다. 김진균의 민중민주주의는 노회찬이 2013년부터 적극 추구한 '한국형 사회민주주의'에 큰 영향을 미쳤을 것이다. 노회찬은 맑스주의-사회주의와 명확히 결별하고 강력한 복지국가를 추구했다. 그런데 '한국형 복지국가'는 서구와 다른 '한국형 문제들'을 해결하는 것으로 이루어질 수 있다. 그 핵심에 '토건국가 문제'가 있으나 이에 대해서는 노회찬을 포함한 한국의 '진보' 쪽에 사실상 의견이 없다. 노회찬·구영식(2014), 조현연(2019) 등을 참고.

· · · · ·

## Ⅲ 김진균의 사상

김진균은 전공을 중심으로 규정되는 학자와 학문의 울타리를 넘어서 역사와 사회와 인간을 고민하고 이 세상을 더 나은 세상으로 만들기 위해 고뇌하고 헌신한 학자 사상가였다. 그는 '가치 중립'의 허구를 질타하고 언제나 약자의 편에서 학문과 실천을 추구했다. 그러나 그가 무조건 약자를 지지했던 것은 아니다. 그는 약자의 잘못도 적극 지적하고 비판했으나 약자의 상태가 개선되는 것이 사회의 개혁, 진보, 변혁의 핵심이라고 생각했다. 이런 관점에서 김진균은 엄정한 학문의 세계를 넘어서 더욱 넓은 대동의 사상을 추구했다.[14]

---

[14] 김진균은 '불나비'라는 운동가요-노동가요를 아주 좋아했다. 이 노래는 1981년에 중앙대 경영대 3학년 음성철이 만들었고, 1990년대에 운동가수 최도은의 절창으로 널리 알려졌다. 그런데 서울대 사회학과 학생들은 1985년부터 이 노래를 즐겨 불렀는데, 1986년에 86학번은 이 노래를 아예 '과가'로 정해서 더 열심히 부르게 되었다. 김진균은 이 노래를 아주 좋아해서 퇴임 뒤에 '불나비처럼'이라는 제목으로 칼럼을 연재하기도 했다. 김진균은 이 노래의 밝은 투지를 좋아했고, 그런 밝은 투지로 민중의 대동 세상을 추구했다. 비슷한 맥락으로 김진균은 김호철의 '희망의 노래'도 아주 좋아했다. 물론 김진균이 이 노래들을 부르기는 어려웠고, 김진균은 '백치 아다다', '예성강' 등의 옛노래들을 즐겨 불렀다.

김진균이 세상을 떠나고 1년 뒤에 묘비가 세워졌다. 비문은 다산연구회의 친구이자 동료였던 사학자 정창렬이 초안을 쓰고 다산연구회가 다듬어서 완성했다. 그 끝 문단은 다음과 같다.

> 이 모든 지적 작업은, 고결한 윤리적 책임의식에 매개되어, 개개인의 자유로운 발전이 만인의 자유로운 발전의 조건이 되는 협동사회, 민중이 상자해서 살아가는 화이부동의 대동사회를 이룩하려는 사회적 실천으로 이어졌다. 정의에 바탕하여 저항하고 삶의 바탕이 연대이듯이 운동의 바탕도 연대를 원리로 해야 함을 설파하고. 실천하는 민중운동, 곧 민주화를 위한 전국교수협의회 전국노동조합협의회 전국민주노동조합총연맹의 활동에 온 몸을 바쳤다. 그는 이곳에 묻혔으나 민중은 그를 보내지 않고 그들의 가슴에 묻었다.[15]

이 비문은 김진균의 사상을 간결하고 명료하게 제시했다. 그 목표는 바로 '대동세상'(大同世上)이고, 그것을 이루는 자세는 화이부동(和而不同)이며, 그것의 원리는 상자이생(相資以生)이다.

'대동'은 크게 같은 것인데 모두 같게 되는 것이고 모두 함께 잘 살게 되는 것이다. 그 사회적 의미는 유가의 경전인 『예기』(禮

---

**15** 강만길 선생과 이상희 선생은 김진균의 '명정'(銘旌) 문구를 '민중의 스승'으로 정했고, 모든 장례위원들이 이 문구에 흔쾌히 동의했다. 이상희 (1929~2010) 선생은 서울대 서양화과 49학번, 사회학과 54학번이다. '명정'은 장례 행렬의 제일 앞에서 드는 깃발로 여기에 쓰는 문구는 죽은 이의 삶을 한마디로 요약해서 제시하는 것이다. 장지에 이르러 이 깃발로 관을 덮어 매장하게 된다.

記)에서 처음 제시되었다. 도가의 『장자』(莊子)에도 '대동'이라는 말이 쓰이지만 사회적 의미를 담고 있지는 않다. 그런데 『예기』의 대동은 가족주의를 바탕으로 한다. 나를 먼저 위하고 남을 위하는 것이다. 이에 대해 청나라 말기의 개혁적 학자-사상가이자 정치가였던 캉유웨이(康有爲, 1858~1927)는 20세기 초에 『대동서』(大同書)를 써서 대동의 의미를 새롭게 제시했는데 그 핵심은 가족제도의 폐기로 가족주의를 철저히 넘어서는 것이었다.[16]

이처럼 대동이라는 말은 2500년 전부터 중국에서 유가를 중심으로 이상사회를 뜻하는 말로 제시된 것이었고, 김진균도 아주 오랜 전통을 갖고 있는 이 지혜와 실천의 말을 적극 활용해서 현대의 이상사회를 추구했다. 화이부동은 공자의 말로 君子 和而不同 小人 同而不和의 댓구로 되어 있다. 군자는 화합하나 따라하지 않고, 소인은 따라하나 화합하지 않는다는 뜻이다. 여기서 同은 附和雷同(부화뇌동, 아부한다는 뜻)이다. 상자이생은 연암 박지원(1737~1805) 선생의 말로 서로 자원이 되어 생을 이룬다는 뜻이다.[17] 세상 만물이 서로 돕고 살아가는 것임을 간명하게 제시한 말이다. 화이부동은 자유와 평등의 상태를, 상자이생은 협동과 공생의 상태를 뜻한다. 화이부동과 상자이생은 대동세상의 두 축이라고 할 수 있다.

---

**16** 《한민족문화대백과사전》, '대동' 참고.

**17** 김진균은 1984년 초에 다산에 대한 논문을 쓰기에 앞서서 1977년에 연암에 대한 논문을 썼다. 이 논문은 『비판과 변동의 사회학』에 실려 있다. 그런데 연암 선생의 상자이생은 2001년에 쓴 논문에서 제시되었다. 『김진균 평전』, 79쪽을 참고.

그런데 김진균이 추구한 대동세상은 어떤 것이었나? 현대 사회에서 대동세상은 어떤 것이어야 하나? 김진균은 1980년대 후반부터 '민중 민주주의'(people democracy)를 제기했는데, 이것이 바로 그가 추구한 대동세상의 현대적 상태라고 할 수 있다.[18] 김진균은 제자인 서관모의 연구를 참고해서 맑스적 계급론으로 민중을 재해석하고 노동자를 중심으로 한 민중 개념을 제시했다. 이렇듯 노동자 중심 민중 민주주의의 요체는 현대 사회에서 경제를 담당한 주역이자 사회적 약자의 다수를 이루는 노동자가 각성해서 사회적 약자를 위한 민주주의를 주도해야 한다는 것이다. 김진균은 다산 선생의 목민 사상은 물론 안토니오 그람시의 유기적 지식인론, 루이 알뛰세의 '이론적 실천'론 등을 원용해서 민중 민주주의를 위한 지식인의 책임을 크게 강조했다.[19]

**18** 이와 관련해서 서관모는 다음과 같이 설명했다. "선생님은 엄격한 맑스주의자는 아니었어요. 굳이 말한다면 민족적 민중주의라고 할까. 일례로, '민중적 당파성'이라는 표현을 쓰셨어요. 나 같은 사람은 불만이었죠. 민중을 계급적으로 분석해야 한다고는 항상 강조하시는데, 운동에서 당파성이란 프롤레타리아 당파성 아니면 부르주아 당파성이잖아요. 민중은 계급이 아니잖아요. 그런데 이 양반은 계급이론을 끝내 받아들이지 않았어요. 프롤레타리아 당파성 그건 전위당 노선하고 연결이 바로 되는 거거든요. 결론적으로 나는 다수의 맑스주의자보다는 선생님 입장이 옳았다는 생각입니다. 프롤레타리아 당파성에 입각한 맑스주의 이론 체계가 결국 해체됐잖아요. 계급 자체가 딱딱 떨어지는 존재, 정체성이 명확한 존재가 아니기 때문에 그런 명확성을 전제로 한 이론구조들이 다 해체될 수밖에 없었다고 한다면, 김진균 선생은 살아남은 거예요."(김기선, 2004ㄴ)

**19** 임영일이 1980년대 초에 그람시에 대해 연구했고, 서관모가 1980년대 말부터 평생에 걸쳐 알뛰세에 대해 연구했다.

김진균의 민중 민주주의는 당연히 (신)자유주의의 민주주의와 다르고, 사회주의의 민주주의와도 다르다. 전자는 인간의 자유를 강조하면서 그에 대한 사회적 규제의 필요를 부정하는 경향을 갖고 있었고, 후자는 평등을 강조하고 노동자를 비롯한 사회적 약자를 내세워서 사실상 특정 세력의 독재를 강행했다. 김진균은 산업 민주주의를 서구에서 시행되는 자유적 사회주의 또는 민주적 사회주의로 설명했는데,[20] 그가 추구한 민중 민주주의는 이와 가까운 것이었고, 그 실체는 결국 서구의 복지국가라고 할 수 있다. 복지국가는 자유를 사회의 기초로 전제하되 토론과 합의를 통해 사회적 규제를 적극 시행해서 자유의 폐해를 줄이고 복리를 늘리는 것이다. 복지국가는 현실적 이상국가로서 인류가 이룩한 가장 위대한 역사적 성과이다.[21]

김진균의 대동 사상은 연암의 상자 사상과 다산의 목민 사상을 바탕에 두고 있는 것으로서 오랜 동안 근대화론과 맑스주의를 비판적으로 학습하고 실천해서 이룬 결과였다. 여기에는 두 가지의 역사적 사건이 큰 영향을 끼쳤다.

첫째는 대학 4학년 때인 1960년에 맞은 4.19혁명이었다. 4.19혁명은 이승만의 12년 독재에 맞선 민주 혁명이자 이승만 독

---

**20** 『김진균 평전』, 101~102쪽을 참고.

**21** 복지국가의 대표로 독일과 스웨덴을 들 수 있다. 두 나라에서 복지국가를 주도한 것은 사회민주당이었다. 역사적으로 복지국가(welfare state)라는 말을 공식적으로 확립한 것은 1941년 영국의 보수당 정권이었다. 산업 민주주의는 복지국가의 기초이다. 민주주의는 자유 민주주의로 출발해서 복지국가의 사회 민주주의로, 다시 자연을 지키는 생태 민주주의로 발전했다. 이에 대해서는 홍성태,『민주화의 민주화』를 참고.

재의 기반인 부일 매국 세력에 맞선 민족 혁명이었다. 또한 정치적 자유를 추구한 시민 혁명이자 경제적 평등을 추구한 민중 혁명이었다.[22] 수백명의 국민들이 경찰의 총탄과 곤봉에 맞아 죽었다. 이렇게 큰 희생을 치르고 이룬 민주화가 불과 1년만인 1961년 5월 16일 박정희 군비 세력에게 짓밟히고 극악한 군비 독재[23]가 무려 18년 동안 자행되었다. 부일 매국노 출신 군인이 군사 반란을 일으켜 권력을 찬탈해서 '조국 근대화'를 전면에 내걸고 근대화의 핵심인 민주주의를 짓밟았다. 이것은 근대화론의 파탄을 입증하는 역사적 증거였다.

둘째는 1980년 5월의 광주 학살-항쟁이었다. 전두환-노태우의 군비 세력은 1979년 10월 26일 박정희가 김재규 장군에게 살해된 직후에 바로 군사반란을 시작해서 12월 12일 권력을 찬탈했다. 이에 대한 국민적 비판과 저항이 계속 일어나서 1980년 봄에는 민주화가 이루어질 것처럼 보이기도 했다. 그러자 전두환-노태우 군비는 '서울의 봄'을 짓밟기 위해 5월 17일 2차 군사반란을 자행했다. 김진균은 군비가 권력을 찬탈하기 위해 상관들을 죽이고 국민들을 죽이는 참사를 겪으며 군비 독재에 맞서기 위해서는 더욱 강력한 민주 연대가 필요하다는 사실을 절감했다. 박정희의 철권 독재는 전두환-노태우의 학살 독재로 더욱 악화됐다.

---

[22]   4.19혁명을 통해 민족 민중 민주의 삼민 사상이 형성되었고, 이 삼민 사상은 여전히 생생한 현재성을 갖고 있다.

[23]   군부를 사유화한 군 도적 무리가 문제의 주역이기 때문에 단순히 군부 독재가 아니라 군비(軍匪) 독재로 부르는 게 더 옳을 것이다.

김진균은 평생 '4.19 혁명 세대'의 정체성을 지켰다. 그는 비판적 근대화론으로 박정희 군비 독재를 설명하고 4.19 혁명이 강력히 제기한 민족과 민중의 민주주의를 계속 추구했다. 1979년 3월의 '크리스찬 아카데미 조작 사건'은 직접적 실천을 강화하게 된 중요한 사건이었다. 10살 아래 동생 김세균이 여기에 연루되어 고초를 겪었던 것이다. 이 사건은 김진균이 실천의 중요성을 인식한 연구자에서 실제적인 연구자-실천가로 변신하는 중요한 계기가 되었다. 1980년 5월의 광주 학살-항쟁이 끝나고 전두환-노태우 군비에 반대했던 많은 교수들이 강제 해직되었다. 김진균도 그 중의 한 명이었다. 김진균은 해직 교수들의 조직화에 적극 나섰다. 이렇게 참혹한 시대의 퇴행에 맞서서 김진균의 개인적 실천은 조직적 실천으로 성장-발전했다.[24]

나아가 김진균은 비판적 근대화론에 대한 인식을 더욱 강화하게 되었다. 그것은 문제를 부분적으로 파악하는 것이 아니라 전면적으로 파악하는 것, 표피적으로 파악하는 것이 아니라 근원적으로 파악하는 것, 요소적으로 파악하는 것이 아니라 체계적으로 파악하는 것이어야 했다. 전두환-노태우의 5월 학살로 이런 인식의 전환이 이루어졌고, 청년-소장 연구자들은 맑스주의를 적극 열심히 공부하게 되었다. 맑스주의는 자본주의를 현대 사회

---

[24] 이 노력은 바로 이어서 '민주화를 위한 전국교수협의회'의 조직으로 이어졌다. 여기에는 충북대 철학과의 유초하(1948~2019) 교수가 이론과 실무의 양 면에서 크게 이바지했다. 서애 유성룡 선생의 후손인 유초하 교수는 평생 민주화 운동에 헌신했고, 김진균기념사업회의 활동과 『김진균 평전』의 발간에도 적극 참여했으며, 2019년 1월 지병으로 별세했다.

의 구조적 원천으로 파악하고 그 혁파를 좋은 사회의 구조적 기초로 제시한다. 맑스주의는 현실을 아주 명확하게 설명하는 것으로 보인다. 그러나 바로 여기에 맑스주의의 한계가 있었다.

맑스주의에서 제시하는 설명은 하나의 '이념형'일 뿐으로 이 사실을 격렬히 부정해서 맑스주의는 독선과 교조의 대표가 되었다. 맑스주의의 더 심각한 문제는 실천적인 것으로 특정 세력의 독재를 노동자 계급의, 전체 민중의, 심지어 전체 인류의 복지를 위한 것으로 미화하는 것이다. 김진균은 비판적 근대화론의 연장에서 맑스주의에 대해 적극 공부했다. 맑스주의에서 배울 것이 분명히 있기 때문이었다. 그러나 그렇다고 해서 그가 맑스주의-사회주의의 추종자가 된 것은 아니었다. 맑스주의-사회주의의 독재 문제는 이미 잘 알려져 있었다. 그 정신은 옳았다고 해도, 그 이론은 옳은 것이 아니었고, 그 실천은 더욱 더 그랬다.

김진균이 말년에 발표한 글들에서 가장 중요한 것은 '자유를 위한 기획을 꿈꾼다'이다. 김진균은 1999년 12월에 발표된 이 글에서 한국의 현대사와 자신의 학문사를 교차해서 서술하고 결론으로서 자유주의의 가치와 필요를 적극 제기했다. 이것은 1980년 5월의 광주 학살-항쟁을 역사적 계기로 한국의 진보적 학문과 운동은 자유주의를 넘어서 맑스주의로 나아가게 됐다는 기존의 인식은 크게 잘못된 것임을 보여준다.

> 1960년 4.19가 일어났다. 그것은 혁명이었다. 국부로 떠받들리던 대통령과 독재체제를 민중의 대중적 힘으로 붕괴시켰다. 전복의 가능성을 확인하고 세상을 바꿀 수 있다는 상상력과 창의력이 자유를 인식케 한 사건이었다. 그러므로 혁

명이었다. 한국이 비로소 세계의 현대사 한복판에 있음을 인식케 되었다. 제3세계에 속하고 있음도 인식케 되었다.
...
해방 이후 그 이전에 있던 사상 이론 지식 그리고 윤리적 규범은 배척되고 그 자리에 오직 미국의 주류 학문과 그 윤리적 규범만을 들여놓게 되었다. 일제 식민주의 지배에 대한 어떤 평가도 제대로 되어 있지 않았다. 민족해방운동이든 계급혁명이든 간에 세계의 사상과 운동론이 산재해 있었지만 모두가 기피 대상일 뿐이었다.

나는 80년대를 '위대한 각성'의 시대라고 생각한다. 제3세계로서의 한국, 대립된 세계체제의 양극단의 최전방으로서의 남한과 북한, 자본주의의 세계적 규모의 축적구조에서 주변-반주변의 위치에 대한 인식이 이때 자라났다. 장기적 군부파시스트체제를 전복하기 위해 '변혁'을 꿈꾸는 세력이 자생하였다. ... 바야흐로 계급론이 대두하고 대립되는 두 기본계급의 사회구성이 학계와 노동계, 그리고 출판계 및 사회운동 영역에서 논의되고 계급혁명 내지 계급정치가 정식화되기 시작하였다. ... 누구도 넘나들지 못할 것 같던 38선을 훌쩍 뛰어넘어 다녀옴으로써 통일의 실제적 방향을 생각케 만들기도 하였다. 80년대는 이처럼 역사의 물줄기를 바꾼 각성의 시대였다.

나는 아직도 한국에서는 '자유민주주의' 이름으로 혁명을 꿈꿀 수도 있고 실행할 수도 있다고 생각한다. 기본권이 사회구조적으로 자리잡지 못하고 있다고 판단하기 때문이다. … 각성의 시대는 억압의 강력한 장치를 걷어내는 정도로 투쟁을 요구하였다. 자유의 향유, 그것을 평등하게 하는 것은 아직도 요원하다는 생각이 든다.

자유는 상상력의 무한한 능력이라고 생각된다. 표현의 자유는 그 상상력에 의한 결과물을 사회적으로 나타내는 자유일 것이다. … 이 상상력이 있어야 자유와 평등과 연대라는 근대적 기본가치를 지적 정서적 도덕적 차원에서 적극적으로 추구할 수 있을 것이라고 생각한다.
(김진균, 1999의 94, 99~101;『김진균 평전』, 292~295).

## Ⅳ 맺음말

김진균은 1980년대 말에 루이 알뛰세르를 공부하고 그의 '인식론적 단절'[25]을 적극 받아들였다. 그러나 그것은 과거를 폐기하는 것이 아니라 과거를 재해석하고 현재를 재설계하는 것이다. 조선 후기의 난국에서 망국으로, 독립전쟁과 광복으로, 4.19 혁명에서 5.16 반란으로, 박정희의 사살에서 12.12 반란으로, 5.17 반란에서 5.18 항쟁으로, 다시 1987년의 6월 항쟁으로 계속 이어진 고통과 투쟁의 역사를 더욱 깊고 넓은 눈으로 바라보고 문제를 올바로 찾아내서 좋은 사회를 향해 계속 앞으로 나아가는 것이다.

김진균은 4.19 혁명을 통해 민족과 민중의 민주주의를 위한 비판적 근대화를 추구하게 됐고, 5.18 항쟁을 통해 더욱 명확한 체계적 인식과 직접적-조직적 실천을 추구하게 됐다. 김진균은

---

**25**  사실 이 개념은 1930년대 초에 프랑스의 과학철학자 가스통 바슐라르(Gaston Bachelard, 1884-1962)가 제기한 것으로 토마스 쿤(Thomas Kuhn, 1922-1996)의 '과학 혁명의 구조'에 큰 영향을 미쳤다. 요컨대 우리의 인식과 과학이 누적적으로 발전하는 것이 아니라 비약과 단절에 의해 발전한다는 것이다. 그러나 그 비약과 단절은 언제나 누적을 필요로 하며, 더 중요한 것은 비약과 단절의 내용이다.

대동세상의 실체로 민중 민주주의를 제시했고, 그 사회적 주체로 계급론으로 파악된 민중 또는 노동자 계급 중심의 민중을 제시했다.[26] 인권에 비추어서 보았을 때, 민중을 위하는 것은 정의를 이루는 것이다.[27] 김진균은 특정 이념에 사로잡혀 폐쇄적이고 협소한 '진보 정치'가 아닌 역사와 현실을 아우르는 개방적이고 광대한 '민중 정치'를 추구했다.[28] 그것은 우리의 근대화 역사에서 자라난 것이고, 우리의 민주화 역사에서 성장한 것이다. 그것은 자유주의를 부정하고 거부하는 것이 아니라 그 확립을 통해 민중의 복지와 자연의 보호를 이루고자 하는 것이다.

김진균의 학문은 전체적으로 압축하자면 '근대 비판(critique of the modern)의 사회학' 또는 '비판적 근대화(critical modernization)의 사회학'이라고 할 수 있다. 김진균은 근대화라는 역사적 변화를 필연적인 것으로 인식했으나, 그것이 국가마다 사회마다 다른 양상으로 전개된다는 사실에 유의했고, 전통과 근대의 이분법이 아니라 전통의 근대적 변형이 실제 과정이라는 사실에 주

---

[26] 민중 민주주의는 특정 정당의 독재가 아니라 민중의 복지를 추구하며, 이 점에서 사회주의가 아니라 복지국가에 가까운 것이다.

[27] 존 롤스 교수의 '정의론'에 입각해서 김진균의 민중 민주주의론은 더욱 심화될 수 있다. 또한 아마티아 센의 '자유로서의 발전'은 김진균의 자유주의 기획론의 중요한 이론적 기초가 될 수 있다. 자유주의는 절대 부정될 수 있는 것이 아니다.

[28] 1987년 6월 항쟁을 통해 25년만에 대통령 직선제가 쟁취됐다. 12월의 대통령 선거를 앞두고 백기완(1932~2021) 선생이 민중 후보로 나서서 민중 정치를 본격화했다. 백기완과 김진균은 오랜 동지였고, 백기완은 김진균기념사업회 총회에 10년 동안 빠짐없이 참석해서 먼저 떠난 김진균을 추모했다.

목했다. 김진균은 학문을 절대 공론으로 생각하지 않았고 언제나 실천을 염두에 두고 있었다. 김진균은 '이론적 실천'을 강조했지만 실제적 실천에 헌신해서 '이론적 실천'을 실질화했다. 여기에도 4.19 혁명 세대의 정체성이 강하게 작용했다.

김진균의 사상(Jingyunism)은 '대동 사상'이라고 할 수 있다. 그것은 민중 민주주의로 제시되었으며, 민중 민주주의는 노동자를 중심으로 한 민중을 주체로 하나 모든 인간의 복지를 목표로 하고, 민중 민주주의는 자유주의를 부정하는 것이 아니라 그 확립을 기초로서 추구한다. 여기서 자유주의를 부정하는 기존의 진보적 통념에 대한 인식론적 단절이 이루어진다. 기존의 진보적 통념은 자유주의에 대한 왜곡으로 퇴보적 교조의 문제를 안게 되었다. 자유주의는 부정돼야 하는 것이 아니라 개정돼야 하는 것이다. 민중 민주주의는 중심을 명확히 해서 인식과 실천을 계속 확장하며, 모든 인간의 복지를 추구해서 주체를 계속 확장하는 방식으로 이루어질 수 있다.

김진균은 1988년 6월 한양대에서 개최된 제1회 학술단체연합 심포지움에서 행한 기조강연에서 다음과 같이 지식인의 책임을 천명했다.

> 우리는 지금 '민족적·민중적 학문의 진입을 위한 여정의 출발점'에 서 있음을, 나아가 '한국 사회의 민족적·민중적 변혁을 위한 긴 여정의 출발점'에 서 있음을 환기하고자 한다. '지식인은 희망을 만들어내는 존재'다. 우리는 한국의 지식인들이 '자주·민주·통일'을 소망하는 이 땅의 민중에게 희망을 만들어내는 존재이기를 촉구한다. (144~145)

10일 정부가 서울 옛 치안본부 남영동 대공분실에서 열린 6.10민주항쟁 33주년 기념식에서 전태일 열사의 어머니 고 이소선 여사와 이한열 열사의 어머니 배은심 여사를 포함한 12명에게 국민훈장 모란장을 수여했다. 사진은 6.10 민주항행 33주년 기념식 국민훈장 모란장 수여자들.(윗줄 왼쪽부터)고 이소선, 고 박형규, 고 조영래, 고 지학순, 고 조철현, 고 박정기, (아랫줄 왼쪽부터) 배은심, 고 성유보, 고 김진균, 고 김찬국, 고 권종대, 고 황인철. 행정안전부 제공

**사진 2   국민훈장 모란장 수훈자 12분**

출처: 〈한겨레〉 2020.6.10.

김진균은 4.19 혁명에서 익힌 민족과 민중의 민주주의를 1980년대는 물론 그가 정년퇴임한 2003년에도 다시금 제시했다. 그는 민족의 폐쇄성과 폭력성의 문제에 대해서도 잘 알고 있었으나 그 역사적-문화적 실체를 부정하지 않았으며 온전한 한국 사회학은 남북한을 아우르는 것이어야 한다고 명확히 밝혔다.[29]

---

[29] 우리의 독립과 광복은 온전한 것이 아니었다. 무엇보다 큰 문제는 부일 매국 세력을 단 한 명도 처단하지 못했고, 오히려 부일 매국 세력이 정권을 잡아서 무려 44년의 독재를 강행했고, 현재도 부일 매국 세력이 지배 세력으로 군림하고 전횡하고 있다는 것이다. 매국-독재 세력은 가장 강력한 비리 세력이며, 비리 세력이 지배하는 곳은 일어나지 않을 사고가 계속 일어나는 사고사회가 되고 만다. 독일과 프랑스는 나치를 철저히 척결해서 선진국이 될 수 있었다. 우리는 독일과 프랑스를 철저히 배워야 한다. 그래야 선진국이 될 수 있다.

2020년 6월 10일 문재인 정부는 6월 항쟁 33주년 기념식에서 김진균을 포함해서 12명에게 민주화에 공헌한 것을 기려서 '국민훈장 모란장'을 수여했다. 이어서 2023년 6월 뜻밖에도 전남대학교 518연구소는 김진균을 '후광 학술상'[30]의 수상자로 선정했다. 이 뒤늦은 훈장과 학술상은 그가 평생 추구하고 헌신한 민족과 민중의 민주주의가 갖는 현재성을 다시 떠올리게 했다. 민족 민중 민주는 시대가 아무리 변해도 사라질 수 없는 영원한 기초이다.

---

[30] "후광학술상은 전남대가 후광 김대중 전 대통령의 업적을 기리며 민주주의와 인권신장, 한반도 평화 정착, 미래창조 발전에 기여한 공로가 있는 국내외 학자에게 수여하는 상이다. 후광학술상의 이전 명칭은 전남대학교 민주평화인권학술상이다. 2007년 제1회 수상은 브루스 커밍스(Bruce Cuming) 시카고대 석좌교수였다."《연합뉴스》 2023.6.8.

## 참고자료

김기선(2004ㄱ), '민중 속으로 날아간 불나비, 김진균1', 민주화운동기념사업회,『희망세상』2004년 5월호
_____(2004ㄴ), '민중 속으로 날아간 불나비, 김진균2', 민주화운동기념사업회,『희망세상』2004년 6월호
김남석(2013), '이상희 평전',『언론정보연구』50권 2호
김진균(1983),『비판과 변동의 사회학』, 한울
_____(1989),『사회과학과 민족현실』, 한길사
_____(1999), '자유를 위한 기획을 꿈꾸며',『문화과학』20호/1999년 겨울호
_____(2003),『21세기 진보운동의 기획』, 문화과학사
_____(2005),『불나비처럼』, 문화과학사
_____ 외(2004),『끝나지 않은 강의』, 서울대출판부
김진균기념사업회(2005),『벗으로 스승으로』, 문과과학사
김진균·홍성태(1996),『군신과 현대사회』, 문화과학사
_____(2007),『한국사회와 평화』, 문화과학사
노회찬·구영식(2014),『대한민국 진보, 어디로 가는가?』, 비아북
서관모(1988),『현대 한국사회의 계급구성과 계급 분화』, 한울
신채호(1925), '낭객의 신년만필',《동아일보》1925.1.2.
이기홍(2003), '사회현실과 사회이론: 김진균의 연줄결속체 개념을 범례로', 한국산업사회학회 편,『사회이론과 사회변혁-김진균 교수 정년 기념 논총』, 한울.
조현연(2019), '노회찬, '민중의 스승' 참 지식인 김진균을 만나다',《프레시안》2019.2.14.
허수열(2005),『개발 없는 개발』, 은행나무
홍성태(2003), '1990년대 한국사회와 김진균', 한국산업사회학회 편,『사회이론과 사회변혁-김진균 교수 정년 기념 논총』, 한울.

_____(2005), '선생님의 학문을 찾아', 김진균기념사업회 편, 『벗으로 스승으로-김진균 선생을 기리며』, 문화과학사

_____(2007), 『대한민국 위험사회』, 당대

_____(2009), 『민주화의 민주화』, 현실문화

_____(2011), 『토건국가를 개혁하라』, 한울

_____(2014), 『김진균 평전』, 진인진

_____(2017), 『사고사회 한국』, 진인진

_____(2019), 『생태복지국가를 향하여』, 진인진